Götte
Götte
Hölscher
Keiser

Wertschöpfungsprozesse analysieren und beurteilen

Fallsituationen – Fachwissen –
Kompetenzentwicklung
im Rechnungswesen

KLR

Merkur
Verlag Rinteln

Wirtschaftswissenschaftliche Bücherei für Schule und Praxis
Begründet von Handelsschul-Direktor Dipl.-Hdl. Friedrich Hutkap †

Verfasser:
Anke Götte, Dipl.-Hdl.
Dirk Götte, Dipl.-Hdl.
Markus Hölscher, Dipl.-Hdl.
Matthias Keiser, Dipl.-Hdl.

Umschlagfotos:
Bild links: Picture-Factory – Fotolia.com
Bild rechts oben: www.colourbox.de
Bild rechts unten: Kzenon – www.colourbox.de

* * * *

1. Auflage 2019
© 2019 by Merkur Verlag Rinteln

Gesamtherstellung:
Merkur Verlag Rinteln Hutkap GmbH & Co. KG, 31735 Rinteln

E-Mail: info@merkur-verlag.de
           lehrer-service@merkur-verlag.de
Internet: www.merkur-verlag.de

ISBN 978-3-8120-**1032-0**

Vorwort

Prozess- und Kompetenzorientierung

Perspektivwechsel im betriebswirtschaftlichen Unterricht

Das Arbeitsheft ist in allen Bildungsgängen mit dem Schwerpunkt Wirtschaft und Verwaltung einsetzbar, in denen das **interne Rechnungswesen (Voll- und Teilkostenrechnung)** in einem Industriebetrieb erlernt werden soll. Dies gilt sowohl für kaufmännische Ausbildungsberufe – insbesondere für Industriekaufleute – als auch für Bildungsgänge, die zur FH-Reife (z. B. Höhere Berufsfachschulen in NRW, Fachoberschulen) bzw. AH-Reife (z. B. Wirtschaftsgymnasium) führen.

Das Arbeitsheft bildet die vollständige Kostenrechnung ab, behandelt somit auch den erweiterten und mehrstufigen BAB und geht dabei auch auf die Thematik des Maschinenstundensatzes ein. Zusätzlich werden in den Aufgabenstellungen auch die Besonderheiten der Kammerprüfungen berücksichtigt.

Die **Verknüpfung von Handlungs- und Fachsystematik** erfolgt, indem die Themenkreise mithilfe exemplarischer, didaktisch reduzierter **Fallsituationen** und **Anwendungsaufgaben** erarbeitet werden. In den einleitenden Fallsituationen und in den Anwendungsaufgaben steht in der Regel das **Modellunternehmen BüKo OHG** im Vordergrund, ein Unternehmen, dessen Hauptgeschäftszweck die Herstellung und der Vertrieb von ergonomischen Büromöbeln sowie der Handel mit Konferenz- und Seminartechnik ist.

Ergänzt werden die Anwendungsaufgaben durch **vertiefende Aufgaben**. Bei diesen Aufgaben wird in der Regel Bezug auf drei **weitere Modellunternehmen** genommen, die sowohl untereinander als auch zusammen mit der BüKo OHG enge Geschäftsbeziehungen unterhalten. Mithilfe der vertiefenden Aufgaben können die Schülerinnen und Schüler ihre erworbenen **Kompetenzen festigen**. Sie ermöglichen zudem eine **binnendifferenzierte Vorgehensweise**. Um die Erarbeitung zu erleichtern, stehen für eine Vielzahl der vertiefenden Aufgaben **Blankovorlagen im PDF-Format** zur Verfügung. Diese können Sie über die Mediathek des Verlages (www.merkur-verlag.de, Code über Schnellsuche: „1032") problemlos herunterladen. Im Arbeitsheft sind diese Aufgaben mit dem Symbol ⬇ DOWNLOAD gekennzeichnet.

Inhaltliche Grundlage für die Erarbeitung der Anwendungs- und vertiefenden Aufgaben bilden neben den Fallsituationen die **Info-Boxen**. Fachsystematische Zusammenhänge werden hier anschaulich erklärt. Die selbstständige Bearbeitung von Aufgaben ist dadurch möglich. Mithilfe von **Kann-Listen** erhalten die Lernenden zudem die Möglichkeit, ihren aktuellen Wissensstand zu reflektieren.

Wir freuen uns über konstruktive Kritik und Anregungen.

Das Autorenteam

Inhaltsverzeichnis

Die beteiligten Modellunternehmen

BüKo OHG
Konferenz- & Seminartechnik

- **Geschäftssitz**: Kaiser-Wilhelm-Ring 10, 50877 Köln
- **Gesellschafter**: *Andreas Nolte*, geb. 27.08.1964 (Dipl.-Kaufmann) und *Thorsten Budtke*, geb. 25.10.1966 (Schreinermeister)
- **Geschäftszweck**: Herstellung/Vertrieb von ergonomischen Büromöbeln, Handel mit Konferenz- und Seminartechnik und Beratung bei Seminareinrichtung sowie Schulungen
- **Werkstoffe**:
  - *Rohstoffe:* Holzplatten, Polsterstoff (Stoffballen)
  - *Hilfsstoffe*: Scharniere, Garn, Schrauben, Muttern, Leim, Schaumstoff, Lacke
  - *Betriebsstoffe:* Schmiermittel, Schleifpapier
  - *Vorprodukte/Fremdbauteile:* Rückenlehnen, Sitzplatten, Sitzrahmen aus Holz, Stuhlbeine aus Holz, Aluminiumrohre
- **Produkte**:
  - Seminarstuhl Ergo Sim® in den Ausführungen Standard, Luxus sowie Sonderanfertigung
  - Seminarstuhl Ergo Klapp®
- **Handelswaren**: Flipcharts
- **Umsatz** ca. 1,3 Mio. Euro
- 14 Mitarbeiter (u.a. eine Auszubildende)

Lothar Lindemann KG
Textilausrüstung

- **Geschäftssitz**:
  Südstr. 58
  47803 Krefeld
- **Komplementär**:
  Lothar Lindemann
  (geb. 14.05.1949)
  Kommanditist:
  Günter Granitz
  (geb. 12.03.1950)
- **Geschäftszweck**:
  Herstellen, Färben, Veredeln von Jeansstoffen
- **Werkstoffe**:
  - *Rohstoffe:* Baumwolle, Rohwolle
  - *Hilfsstoffe:* Färbemittel, Farben
  - *Betriebsstoffe:* Schmiermittel
- **Produkte**: Stoffballen (z.B. Jeansstoff)
- **Umsatz**: 7,8 Mio. Euro
- 56 Mitarbeiter (davon 5 Auszubildende)

Color Chemie AG

- **Geschäftssitz**:
  Maarstraße 67
  50858 Köln
- **Umsatz** (Vorjahr):
  5,5 Mrd. Euro
- **Grundkapital**: 365 Mio. Euro
- **Mitarbeiterzahl**:
  4700 Beschäftigte
  (davon 230 Auszubildende)
- **Produktionsstandorte**:
  Köln (Deutschland),
  Bitterfeld (Deutschland),
  Barcelona (Spanien),
  Porto (Portugal),
  New Orleans (USA) und
  (nicht konsolidiert) DowChem
  Coorp., Chicago (USA)
- Vertriebsniederlassungen in über 100 Ländern
- **Geschäftszweck**:
  Herstellen und Verkauf von umweltverträglichen Textilfarben, Textilhilfsmitteln (Reinigungs-/Lösungsmitteln) und Textilfasern
- **Werkstoffe**:
  - *Rohstoffe*: Harze, Polyurethan, Anilin
  - *Hilfsstoffe:* Titandioxid, Polymere
  - *Betriebsstoffe:* Schmiermittel
- **Produkte**: Farben, Farbstoffe
- **Vorstand**:
  Dr. Schmalenbach (Vorsitz),
  Dr. Lehr (Personal),
  Koppelmann (Beschaffung),
  Dr.-Ing. Elle (Produktion),
  Köhler (Absatz),
  Hax (Finanzen)

Öko-Tex GmbH

- **Geschäftssitz**:
  Steinmannweg 1
  49479 Ibbenbüren
- **Geschäftsführer**:
  Britta Steinmann
  geb. 11.11.1964
  (Modedesignerin),
  Nils Tanner
  geb. 01.05.1955
  (Dipl.-Kaufmann)
- **Geschäftszweck**:
  Herstellung und Verkauf von ökologischverträglicher Jeansbekleidung
- **Werkstoffe**:
  - *Rohstoffe:* Stoffballen (Jeans und andere)
  - *Hilfsstoffe:* Nähseide, Nähgarn, Knöpfe
  - *Betriebsstoffe:* Schmiermittel, Nadeln für Nähmaschinen
  - *Vorprodukte/Fremdbauteile:* vorgefertigte Stoffzuschnitte
- **Produkte**: (Jeans-)Hosen und Jacken, Röcke, ökologisch orientierte Arbeitskleidung
- **Handelswaren**: Gürtel
- **Stammkapital**: 3,5 Mio. EUR
- **Gesellschafter**:
  Klaus Steinmann
  (Stammeinlage: 2 Mio. Euro),
  Britta Steinmann
  (Stammeinlage: 400.000 Euro),
  Nils Tanner
  (Stammeinlage: 1,1 Mio. Euro)
- **Umsatz**: 53 Mio. Euro
- 520 Mitarbeiter (davon 30 Auszubildende)

Inner- und außerbetriebliches Netzwerk

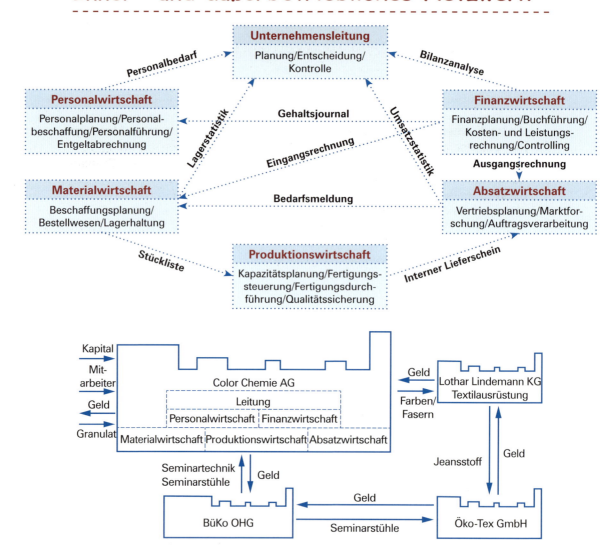

Übersicht der teilnehmenden Personen

BüKo OHG	
Person	**Funktion**
Thorsten Budtke	Technischer Geschäftsleiter
Andreas Nolte	Kaufmännischer Leiter
Volker Reiners	Einkaufsleiter
Carina Crämer	Auszubildende der Buchhaltung
Henrike Straub	Leiterin Rechnungswesen
Lothar Lindemann KG	
Person	**Funktion**
Lothar Lindemann	Gesellschafter (Komplementär)
Günter Granitz	Gesellschafter (Kommanditist)
Color Chemie AG	
Person	**Funktion**
Dr. Sigismund Schmalenbach	Vorstand
Harald Hax	Leiter Rechnungswesen (Finanzvorstand)
Annika Müller	Auszubildende
Öko-Tex GmbH	
Person	**Funktion**
Britta Steinmann	Geschäftsführerin
Nils Tanner	Geschäftsführer
Achim Ahlert	Buchhalter

1 Aufgaben und Ziele der Kosten- und Leistungsrechnung

▶ **Fallsituation:** **Ist die Finanzbuchführung nicht aussagekräftig genug?**

Carina Crämer, Auszubildende der BüKo OHG, ist Zuhörerin eines Meetings der Gesellschafter Thorsten Budtke und Andreas Nolte, Herrn Brüning vom Vertrieb und Frau Straub, der Leiterin des Rechnungswesens. Herr Brüning berichtet aus seinen Kundengesprächen der letzten Tage. Er merkt an, dass die Wettbewerber einige Stühle, die mit dem Sortiment der BüKo OHG nahezu identisch sind, zu günstigeren Preisen anbieten. Herr Budtke als technischer Leiter des Unternehmens reagiert darauf-hin mit dem Hinweis, dass die Produktions-bedingungen dem aktuellen Stand der Technik entsprechen. Herr Nolte als kauf-männischer Leiter ist sich sicher, dass die Einkaufsbedingungen ebenfalls marktge-recht sind und daher keine überhöhten Preise für das Material gezahlt werden. Beide können sich spontan also nicht erklä-ren, wie diese Preisunterschiede am Markt entstehen können.

Der Blick der anwesenden Herren richtet sich auf Frau Straub. Herr Nolte stellt die Frage, ob sich die Kosten- und Leistungsrechnung auf dem aktuellen Stand befindet. Frau Straub ist sich sicher, dass dies der Fall ist, sichert aber zu, die Zahlen noch einmal zu überprüfen.

Nachdem Carina und Frau Straub das Meeting verlassen haben, entsteht das folgende Gespräch:

Carina: Also, die Inhalte der Buchführung sind mir ja nun hinreichend bekannt. Aber die Kosten- und Leistungsrechnung – da stehe ich leider vor einem großen Rätsel. Ich weiß, dass wir diesen Aspekt schon einmal kurz angesprochen haben. Was genau meinte Herr Nolte mit seiner Aussage zur Kosten- und Leis-tungsrechnung und welche Hinweise lassen sich hieraus in Bezug auf die Verkaufspreise finden?

Frau Straub: Okay, wir blicken noch einmal zurück auf die Aufgaben der Buchführung: Diese zeichnet alle Veränderungen von Vermö-gensgegenständen und Schulden auf, erfasst alle Geschäfts-fälle eines Geschäftsjahres und ermittelt den Gewinn bzw. Ver-lust eines Geschäftsjahres.

Carina: Ja, soweit ist mir alles klar.

Frau Straub: Bei der Ermittlung des Unternehmenserfolgs – also eines Gewinns oder eines Verlusts – werden sämtliche Aufwendun-gen und Erträge eines Geschäftsjahres gegenübergestellt.

Carina: Sind die Erträge größer als die Aufwendungen, entsteht ein Gewinn. Sind die Erträge kleiner als die Aufwendungen, ent-steht ein Verlust.

Frau Straub: Genauso ist es. Neben der Buchführung – man kann sie auch als **Finanzbuchführung** bezeichnen – existiert noch die Kosten- und Leistungsrechnung, die auch als **Betriebsbuchführung** bezeichnet wird. Diese orientiert sich an der eigentlichen Auf-gabe eines Industriebetriebs – der Herstellung und dem Ver-kauf von Produkten und Leistungen. Sie filtert alle Aufwendun-gen und Erträge der Finanzbuchführung, indem sie prüft, ob

▶ Finanzbuchführung
▶ Betriebsbuchführung

2 Goette u.a. - ISBN 978-3-8120-1032-0

die Aufwendungen oder Erträge einen echten betrieblichen Hintergrund haben oder nicht.

Carina: Wie muss ich mir das vorstellen: betrieblicher Hintergrund …?

Frau Straub: Werfen Sie doch bitte einen Blick auf die Informationen, die ich Ihnen hierzu mitgebracht habe.

Anwendungsaufgaben

1. Sie haben das Eingangsgespräch in der BüKo OHG verfolgt. Produkte (sie werden auch als Kostenträger bezeichnet) weisen am Markt zum Teil unterschiedliche Preise auf. Erstellen Sie eine Übersicht, die Gründe enthält, mit denen diese Preisunterschiede erklärt werden können.

2. Die Kosten- und Leistungsrechnung gliedert sich in verschiedene Teilbereiche. Lesen Sie die Angaben in der Info-Box und erstellen Sie ein Schaubild, das diese Teilbereiche darstellt.

> **Teilbereiche der Kosten- und Leistungsrechnung**

 **INFO-BOX**

Aufgaben und Ziele von Finanzbuchführung und Kosten- und Leistungsrechnung

Die Finanzbuchführung

- zeichnet alle Veränderungen von Vermögensgegenständen und Schulden auf,
- erfasst zeitlich geordnet alle Geschäftsfälle eines Geschäftsjahres,
- ermittelt durch Gegenüberstellung **aller Aufwendungen und Erträge** den Gewinn bzw. Verlust eines Geschäftsjahres (→ **das Gesamtergebnis**),
- unterliegt handels- und steuerrechtlichen Vorschriften,
- ist Grundlage der Besteuerung durch die Steuerbehörden (Finanzamt und Kommune),
- dient u. a. den Kapitalgebern (Eigentümern, Banken) als Entscheidungsgrundlage für weitere Kapitalbereitstellung und
- wird von Kunden und Lieferern genutzt, um Rückschlüsse auf die Zuverlässigkeit einer langfristigen Geschäftsbeziehung ableiten zu können.

Die Schwächen der Finanzbuchführung

- Die Finanzbuchführung liefert zwar einen Gesamtüberblick über die einzelnen Geschäftsjahre, aber
- sie erfasst **auch** die Aufwendungen und Erträge, die keinen direkten Bezug zur eigentlichen Leistungserstellung des Betriebs haben, so z. B. Mieterträge oder Gewinne bzw. Verluste aus Wertpapiergeschäften.

Die Kosten- und Leistungsrechnung (KLR)

- orientiert sich an der **eigentlichen Aufgabe eines Industriebetriebs** (der Herstellung und dem Verkauf von Produkten und Leistungen).

▶ Kosten- und Leistungsrechnung

Beispiel:

Im Falle der BüKo OHG besteht der eigentliche Betriebszweck darin, Seminartechnik und Seminarmöbel herzustellen und zu verkaufen. Hierzu zählen bspw. Stühle und Tische als „eigene Erzeugnisse", aber auch „Handelswaren" wie z. B. Flipcharts. Sofern die BüKo OHG auch Dienstleistungen (z. B. die Planung der Ausstattung von Konferenzräumen und den Aufbau des Mobiliars) übernimmt und anbietet, zählen diese ebenfalls zum eigentlichen Betriebszweck.

- Die KLR filtert also alle Aufwendungen und Erträge der Finanzbuchführung, indem sie prüft, ob diese einen echten betrieblichen Hintergrund haben oder nicht. Der Filter sortiert demnach die Aufwendungen und Erträge zunächst in einen **neutralen Bereich** (den Abgrenzungsbereich, der erst einmal nichts mit dem eigentlichen Betriebszweck zu tun hat) und den **Betriebsbereich** (dem Kern der Leistungserstellung). Das Hilfsmittel, mit dem „gefiltert" wird, bezeichnet man als **Ergebnistabelle** (die Erläuterungen hierzu folgen im nächsten Kapitel).

	Finanzbuchführung	Kosten- und Leistungsrechnung
Ausgangswerte	Aufwendungen und Erträge	Kosten und Leistungen
Bezeichnung des Ergebnisses	Gesamtergebnis	Betriebsergebnis
	Erträge > Aufwendungen = Gesamtgewinn	Leistungen > Kosten = Betriebsgewinn
	Erträge < Aufwendungen = Gesamtverlust	Leistungen < Kosten = Betriebsverlust

- **Kosten** sind betriebsbedingte (sachzielbezogene) Verbräuche (Werteverzehre).

- **Leistungen** sind betriebsbedingte (sachzielbezogene) Güter- **und** auch Leistungserstellungen (Wertzuflüsse), die durch den Einsatz von Kosten entstehen.

- Die KLR stellt somit alle wichtigen Daten zur Verfügung, die für eine zuverlässige Preiskalkulation erforderlich sind. Dabei klärt sie die Frage, **wo (Kostenstellenrechnung)** und **wofür (Kostenträgerrechnung)** Kosten entstanden sind. Das hierzu erforderliche Hilfsmittel trägt die Bezeichnung **Betriebsabrechnungsbogen** (kurz: BAB).

- Außerdem liefert die KLR eine Entscheidungsgrundlage für die Bestimmung von Preisuntergrenzen sowie über die Möglichkeit zur Annahme von Zusatzaufträgen. Auch hierzu existiert ein Hilfsmittel, die **Deckungsbeitragsrechnung**.

- Letztlich ist die KLR ein unverzichtbares Mittel einer erfolgreichen Unternehmensführung, da sie darüber hinaus der **Kontrolle der Wirtschaftlichkeit** eines Unternehmens dient. Die **Kennziffer Wirtschaftlichkeit** kann sich auf das Gesamtergebnis oder auf das Betriebsergebnis beziehen:[1]

▶ Wirtschaftlichkeit

Wirtschaftlichkeit des Unternehmens	Wirtschaftlichkeit des Betriebs
Wirtschaftlichkeit $= \dfrac{\text{Erträge}}{\text{Aufwendungen}}$	$= \dfrac{\text{Leistungen}}{\text{Kosten}}$

- Anders als die Finanzbuchführung **unterliegt die KLR keinerlei gesetzlichen Bestimmungen**. Der Unternehmer kann frei entscheiden, d. h. die KLR auf die Bedürfnisse seines Betriebs anpassen.

---

[1] Aufgabenstellungen zur Wirtschaftlichkeit beziehen sich i. d. R. auf den Betriebsbereich.

2 Vollkostenrechnung: die Ergebnistabelle

2.1 Ergebnistabelle ohne kostenrechnerische Korrekturen

▶ **Fallsituation:** **Welche Aufwendungen und Erträge stehen im direkten Zusammenhang mit der betrieblichen Leistungserstellung?**

Carina Crämer will nun mithilfe von Frau Straub den ersten Baustein der Kosten- und Leistungsrechnung – **die Ergebnistabelle** – kennenlernen. Es entwickelt sich das nachfolgende Gespräch:

Frau Straub: Wir werden uns nun langsam an die verschiedenen Bausteine der KLR herantasten. Beginnen wollen wir mit der Ergebnistabelle. Werfen Sie bitte einen Blick auf die nachfolgende Gewinn-und-Verlust-Rechnung. Diese ist sehr umfangreich und **betrifft nicht die BüKo OHG**, sondern ein beliebiges Unternehmen der Möbelindustrie. Das GuV-Konto enthält nahezu alle denkbaren Positionen und soll exemplarisch zur Herangehensweise an das Thema dienen.

Carina: Das Ganze scheint aber sehr komplex zu sein.

Soll		Gewinn- und Verlust-Konto	Haben
6000 Aufw. f. Rohstoffe	100.000,00	5000 Umsatzerl. f. eig. Erz.	500.000,00
6020 Aufw. f. Hilfsstoffe	14.000,00	5100 Umsatzerl. f. (Ha.-)Wa.	150.000,00
6030 Aufw. f. Betriebstoffe	1.600,00	5200 Bestandsveränd.	30.000,00
6050 Aufw. f. Energie	29.000,00	5400 Mieterträge	4.000,00
6080 Aufw. f. (Handels-)Wa.	22.500,00	5410 So. Erl. (a. Anlagenab.)	10.000,00
6150 Vertriebsprovisionen	15.000,00	5490 Periodenfr. Erträge	3.000,00
6160 Fremdinstandhaltung	18.000,00	5710 Zinserträge	1.200,00
6200 Löhne	160.000,00	5780 Ertr. a. Wertpapierverk.	2.800,00
6300 Gehälter	60.000,00		
6400 AG-Anteil zur SV	32.000,00		
6520 Abschr. a. Sachanl.	19.500,00		
6700 Mietaufwand	3.600,00		
6770 Rechts- u. Beratungsk.	800,00		
6800 Büromaterial	600,00		
6850 Reisekosten	750,00		
6870 Werbeaufwand	4.800,00		
6880 Spenden	250,00		
6900 Versicherungsbeiträge	3.600,00		
6930 Verl. a. Schadensfällen	2.600,00		
6979 Anlagenabgänge	12.000,00		
7020 Grundsteuer	2.400,00		
7030 Kraftfahrzeugsteuer	1.800,00		
7460 Verl. a. Wertpapierverk.	1.900,00		
7510 Zinsaufwand	12.000,00		
7600 Außerordentl. Aufw.	1.200,00		
Gewinn	181.100,00		
	701.000,00		701.000,00

Es folgt die Fortsetzung des Gesprächs:

Carina: Ihrer Aussage, dass es sich um ein sehr umfangreiches GuV-Konto handelt, kann ich bedenkenlos zustimmen. Es tauchen Positionen auf, mit denen ich mich bislang nicht beschäftigt habe.

Frau Straub: In diesem Themengebiet werden wir auch diese für Sie noch unbekannten Positionen aufgreifen müssen. Aus diesen zahl-reichen Positionen werden wir nun die sog. Ergebnistabelle erstellen. Aber keine Sorge, wir werden Schritt für Schritt jede einzelne Position untersuchen. Ich habe auch hierzu wie-der wichtige Informationen bereitgestellt, die Sie sich bitte anschauen.

Anwendungsaufgaben

1. Die Ergebnistabelle stellt den ersten Baustein der Kosten- und Leistungsrechnung dar. Zunächst erhalten Sie Informationen über die Bedeutung der Ergebnistabelle. Lesen Sie daher zunächst diese Informationen in der nachfolgenden Info-Box.

2. Versuchen Sie sich nun mithilfe von **M1** (siehe S. 17) an der Erstellung Ihrer ers-ten Ergebnistabelle. Berücksichtigen Sie dabei die **wichtigen Tipps** von Frau Straub zu den einzelnen GuV-Positionen **M2** (siehe S. 18 f.).

Folgende Reihenfolge kann Ihnen bei der Erstellung der Ergebnistabelle behilflich sein:

▶ Übernahme der Aufwendungen und Erträge aus dem GuV-Konto in die Spalten 1 und 2. Beginnen Sie mit den Erträgen.

▶ Beginnen Sie wieder bei der ersten Position und treffen Sie für jede Position die Entscheidung, ob es sich um eine Position handelt, die Sie den „unternehmens-bezogenen Abgrenzungen", den „betriebsbezogenen Abgrenzungen" oder dem „Kosten- und Leistungsbereich" zuführen wollen. Achten Sie dabei auf die Bearbei-tungshinweise von Frau Straub (siehe S. 18 f.).

▶ Ermitteln Sie die Summen der jeweiligen Spalten und berechnen Sie auch den jeweiligen Saldo. Tragen Sie diese Werte in die dafür vorgesehenen Zeilen ein.

▶ Überprüfen Sie Ihre Eintragungen, indem Sie eine Abstimmung der einzelnen Ergebnisse vornehmen.

 **INFO-BOX**

Die Ergebnistabelle

▶ Ergebnistabelle

Die Ergebnistabelle ist ein Hilfsmittel, mit dem die Aufwendungen und Erträge der Finanzbuchführung auf ihren betrieblichen Hintergrund überprüft werden. Die Ergebnistabelle teilt sich dabei in zwei sog. Rechnungskreise auf, dem Rechnungskreis I und dem Rechnungskreis II. In der Kurzform hat sie folgendes Aussehen:

Ergebnistabelle									
Rechnungskreis I				Rechnungskreis II					
Gesamtergebnis-Rechnung der Finanzbuchhaltung				unternehmensbezogene Abgrenzungen		betriebsbezogene Abgrenzungen		Kosten- und Leistungsbereich	
		1	2	3	4	5	6	7	8
Z.	Konto	Aufwendungen	Erträge	Aufwendungen	Erträge	Aufwendungen	Erträge	Kosten	Leistungen
...	...								
...	...								
...	...								
...	...								
		Gesamtergebnis		Ergebnis aus unternehmensbezogenen Abgrenzungen		Ergebnis aus betriebsbezogenen Abgrenzungen		Betriebsergebnis	
				neutrales Ergebnis					

- **Im Rechnungskreis I** (Spalten 1 und 2) finden sich die Aufwendungen und Erträge der Finanzbuchführung, deren Differenz das sog. **Gesamtergebnis** ergibt.

  ▶ Gesamtergebnis

- **Der Rechnungskreis II** (Spalten 3 bis 8) ist der eigentliche Filter der Aufwendungen und Erträge der Finanzbuchführung. Hier wird untersucht, ob es sich um einen betrieblichen Zweck handelt oder nicht.

  - Handelt es sich bei den Aufwendungen oder Erträgen um einen **betrieblichen Hintergrund, der regelmäßig und nachhaltig** (im Sinne von wiederholbar) **vorkommt und das eigentliche Kerngeschäft des Unternehmens betrifft**, so werden diese Positionen in den Kosten- und Leistungsbereich (Spalte 7 oder 8) übertragen. Die Differenz hier ergibt das **Betriebsergebnis**, also das Ergebnis aus der eigentlichen Kerntätigkeit des Unternehmens.

    ▶ Betriebsergebnis

  - Handelt es sich bei den Aufwendungen oder Erträgen um einen **vollständig betriebsfremden Zweck**, so werden diese Positionen in die unternehmensbezogenen Abgrenzungen (Spalte 3 oder 4) eingetragen. Man kann an dieser Stelle von **völlig neutralen Positionen** sprechen. Das hier entstehende Ergebnis ist der **erste Teil des sog. neutralen Ergebnisses**.

    ▶ neutrales Ergebnis

  - Es verbleiben noch die Spalten 5 und 6. Diese stellen **den zweiten Teil des neutralen Ergebnisses** dar. Anders als in der zuvor genannten Beschreibung der Spalten 3 und 4 kann man hier jedoch von **ein bisschen neutralen Positionen** sprechen. Hier werden die Aufwendungen und Erträge eingetragen, die zwar einen betrieblichen Hintergrund haben, der jedoch **nicht regelmäßig und nachhaltig** (also nicht wiederholbar) **vorkommt**. Hierzu werden auch die Begriffe **außerordentlich** (also unregelmäßig oder unvorhersehbar) **und außerperiodisch** (also außerhalb der aktuellen Rechnungsperiode liegend) verwendet.

 Zusätzlich werden die Spalten 5 und 6 benötigt, um **kostenrechnerische Korrekturen** abzubilden. Dieses Vorgehen wird im Kapitel 2.2 ab S. 23 behandelt.

- Insgesamt gesehen ist diese Abgrenzung wichtig, weil das Betriebsergebnis (der Spalten 7 und 8) den Kern der betrieblichen Tätigkeit abbildet und sich hier die wichtigen Zahlen für eine verlässliche Kalkulation von Kosten und Verkaufspreisen finden lassen.

Ergebnistabelle								
Rechnungskreis I			Rechnungskreis II					
Gesamtergebnis-Rechnung der Finanzbuchhaltung			unternehmensbezogene Abgrenzungen		betriebsbezogene Abgrenzungen		Kosten- und Leistungsbereich	
		1	2	3	4	5	6	7	8
Z.	Konto	Aufwendungen	Erträge	Aufwendungen	Erträge	Aufwendungen	Erträge	Kosten	Leistungen
...	...								
...	...								
...	...								
...	...								
		Gesamtergebnis		Ergebnis aus unternehmensbezogenen Abgrenzungen		Ergebnis aus betriebsbezogenen Abgrenzungen		Betriebsergebnis	
				neutrales Ergebnis					
		Diese Werte werden aus der Finanzbuchhaltung (dem GuV-Konto) übernommen.		Hier werden die Werte eingetragen, die mit dem eigentlichen Betriebszweck überhaupt nichts zu tun haben. → völlig neutral!		Hier werden die Ergebnisse eingetragen, die zwar mit dem eigentlichen Betriebszweck zu tun haben, die jedoch nicht regelmäßig vorkommen oder zu einer anderen Rechnungsperiode gehören. → ein bisschen neutral!		Hier werden die Werte eingetragen, die mit dem eigentlichen Betriebszweck zu tun haben und dabei regelmäßig vorkommen.	
		Gesamtergebnis		neutrales Ergebnis				Betriebsergebnis	

- Zu beachten sind **folgende Regeln:**
  - Die Eintragungen in der Ergebnistabelle beginnen immer mit der Habenseite des GuV-Kontos, also mit den Erträgen.
  - Zur Kontrolle wird zum Ende der Eintragungen die Abstimmung der Teilergebnisse vorgenommen. Die hierzu erforderliche **Rechenregel** lautet:

  Gesamtergebnis = neutrales Ergebnis + Betriebsergebnis

M1

		Rechnungskreis I			Rechnungskreis II				
		Gesamtergebnis-Rechnung der Finanzbuchhaltung		unternehmensbezogene Abgrenzungen		betriebsbezogene Abgrenzungen		Kosten- und Leistungsbereich	
		1	2	3	4	5	6	7	8
Z.	Konto	Aufwen-dungen	Erträge	Aufwen-dungen	Erträge	Aufwen-dungen	Erträge	Kosten	Leistungen
1	5000 Umsatzerl. f. eig. Erz.		500.000,00						
2									
3									
4									
5									
6									
7									
8									
9									
10									
11									
12									
13									
14									
15									
16									
17									
18									
19									
20									
21									
22									
23									
24									
25									
26									
27									
28									
29									
30									
31									
32									
33									
34	Summen								
35	Salden								
36	Gesamtsummen								
		Gesamtergebnis		Ergebnis aus unternehmensbezogenen Abgrenzungen		Ergebnis aus betriebsbezogenen Abgrenzungen		Betriebsergebnis	
				neutrales Ergebnis					

Ergebnistabelle

3 Goette u.a. - ISBN 978-3-8120-1032-0

Bearbeitungshinweise zu den GuV-Positionen

Zu Zeile 1: 5000 Umsatzerlöse für eigene Erzeugnisse

Die Position **„5000 Umsatzerlöse für eigene Erzeugnisse"** ist bereits mit einem Ertrag von 500.000,00 EUR in der Spalte 2 eingetragen worden. Da es sich hierbei um eine Position handelt, die den betrieblichen Kernbereich (die Leistungen) betrifft, erfolgt eine zusätzliche Eintragung dieser 500.000,00 EUR in der Spalte 8.

Zu Zeile 2: 5100 Umsatzerlöse für (Handels-)Waren

Bei der Position **„5100 Umsatzerlöse für (Handels-)Waren"** ist ebenfalls davon auszugehen, dass sie den Kernbereich betrifft.

Zu Zeile 3: 5200 Bestandsveränderungen

Kann ein Unternehmen nicht alle produzierten Erzeugnisse eines Jahres auch tatsächlich verkaufen, werden diese Erzeugnisse dem Lager zugeführt. Die Umsatzerlöse der verkauften Erzeugnisse werden als **Umsatzleistung** bezeichnet. Auch für die Erzeugnisse, die (noch) nicht verkauft und dem Lager zugeführt wurden, hat der Betrieb eine Leistung geschaffen. Diese wird als **Lagerleistung** gekennzeichnet. Das Ganze lässt sich auch mit den unfertigen Erzeugnissen entsprechend buchen. In diesem Falle befinden sich unfertige Erzeugnisse noch auf dem Wege der Produktion bzw. wurden fertige Erzeugnisse (noch) nicht final zusammengestellt.

Zu Zeile 4: 5400 Mieterträge

Die Position **„5400 Mieterträge"** beinhaltet, dass das Unternehmen nicht alle zum Vermögen gehörenden Gebäude selbst benötigt. Es ist davon auszugehen, dass ein Teil dieser Gebäude vermietet ist und zu den o. g. Mieterträgen geführt hat. Dieser Ertrag hat jedoch überhaupt nichts mit dem eigentlichen Betriebszweck dieses Unternehmens (Produktion und Verkauf von Möbeln) zu tun. Daher sprechen wir hier von einem völlig betriebsfremden Zweck.

Zu Zeile 5 und auch Zeile 28: 5410 Sonstige Erlöse und 6979 Anlagenabgänge

Mit dem Konto **„5410 Sonstige Erlöse"** wurde hier der Verkauf von Anlagevermögen gebucht. Dieses Konto wird für den reinen Verkaufsvorgang verwendet (siehe z. B. nebenstehenden Buchungssatz für einen Barverkauf einer alten Maschine).

> 2880 Kasse
> an 5410 Sonstige Erlöse
> an 4800 Umsatzsteuer

Wir haben es also mit einem Ertrag zu tun, der zunächst in Spalte 2 eingetragen wird. Außerdem handelt es sich um einen Vorgang mit einem betrieblichen Hintergrund. Aber: Das Kerngeschäft einer Möbelfabrik besteht nicht aus dem Kauf und Verkauf von Anlagevermögen. Daher ist dieser Vorgang als nicht regelmäßig bzw. außerordentlich zu bezeichnen.

Zur Zeile 28 (Position **„6979 Anlagenabgänge"**): Nach der Buchung dieses reinen Verkaufsvorgangs befindet sich die Maschine noch immer in den Büchern des Unternehmens. Damit diese Maschine aus den Büchern herausgenommen werden kann, ist eine weitere Buchung erforderlich.

> 6979 Anlagenabgänge
> an 0700 Technische Anlagen und Maschinen

Dem Ertrag aus der ersten Buchung wird nun also der dazugehörige Aufwand gegenübergestellt.

Zu Zeile 6: 5490 Periodenfremde Erträge

Mithilfe der vorgenannten Info-Box sollte Ihnen die Eintragung der Position **„5490 Periodenfremde Erträge"** nunmehr problemlos möglich sein. Hinweis zum Inhalt der Position: Es handelt sich um den Geldeingang einer Kundenforderung, die aufgrund einer Insolvenz des Kunden bereits abgeschrieben wurde.

Zeile 7: 5710 Zinserträge

Unter der Position **„5710 Zinserträge"** werden Erträge für Bankguthaben und angelegte Gelder gebucht. Gelegentlich werden hier auch Verzugszinsen von in Zahlungsverzug geratenen Kunden erfasst. Sofern hierzu kein Hinweis besteht, ist in der Regel davon auszugehen, dass es nicht dem unternehmerischen Zweck eines Unternehmens entspricht, Gelder verzinsen zu lassen. Daher handelt es sich um eine völlig neutrale Position.

Zeile 8: 5780 Erträge aus Wertpapierverkauf

Ähnlich wie in Zeile 7 ist bei der Position **„5780 Erträge aus Wertpapierverkauf"** ebenfalls davon auszugehen, dass hier ein sogenannter völlig betriebsfremder Zweck vorliegt. Ausnahme: Es handelt sich um ein Unternehmen, das mit Wertpapieren handelt. Bei einer Möbelfabrik ist dies sicherlich nicht der Fall.

Zu den Zeilen 9 bis 20:

Es handelt sich um Aufwendungen, die das Kerngeschäft des Unternehmens betreffen.

Beachten Sie bei der Position **„6700 Mietaufwand"**: Entgegen der Eintragung der Position „5710 Mieterträge" als völlig neutraler Ertrag wird den Mietaufwendungen ein betrieblicher Hintergrund unterstellt, da Räume bzw. Flächen angemietet werden, um das Kerngeschäft ausführen zu können.

Bearbeitungshinweise zu den GuV-Positionen (Fortsetzung)

Zu Zeile 21 und auch Zeile 27: 6770 Rechts- und Beratungskosten und 6930 Verluste aus Schadensfällen

Die Position **„6770 Rechts- und Beratungskosten"** verfügt hier über einen besonderen Hintergrund, der in Verbindung mit der Position **„6930 Verluste aus Schadensfällen"** zu sehen ist: Ein Kunde hatte einen Sachmangel aus einer der letzten Lieferungen bei uns angezeigt. Da keine Einigung über das Entstehen des Schadens zu vereinbaren war, wurde ein Rechtsanwalt zurate gezogen. Der Gerichtsstreit wurde vom Kunden gewonnen, sodass aus der Neulieferung der beschädigten Artikel ein Aufwand in Höhe von 2.600,00 EUR entstanden ist. Beide Positionen besitzen zwar einen betrieblichen Hintergrund, der aber (glücklicherweise) nicht regelmäßig vorkommt.

Zu den Zeilen 22 bis 24: 6800 Büromaterial, 6850 Reisekosten und 6870 Werbeaufwand

Die genannten Positionen **„6800 Büromaterial"**, **„6850 Reisekosten"** und **„6870 Werbeaufwand"** haben einen betrieblichen, das Kerngeschäft betreffenden Hintergrund.

Zu Zeile 25: 6880 Spenden

Die Position **„6880 Spenden"** wird in der Regel als völlig betriebsfremd angesehen.

Zu Zeile 26: 6900 Versicherungsbeiträge

Bei der Position **„6900 Versicherungsbeiträge"** ist von regelmäßig wiederkehrenden Aufwendungen auszugehen, die das betriebliche Risiko abdecken sollen.

Zu Zeile 28:

Siehe Anmerkungen zu Zeile 5 auf S. 18.

Zu Zeile 29 und auch Zeile 30: 7020 Grundsteuer und 7030 Kraftfahrzeugsteuer

Steuern (in diesem Falle die Positionen **„7020 Grundsteuer"** und **„7030 Kraftfahrzeugsteuer"**) gelten im Normalfall als regelmäßig wiederkehrende Positionen. Diese können zwar von Jahr zu Jahr unterschiedlich hoch ausfallen, werden jedoch – wie in diesem Falle – im vollen Umfang dem betrieblichen Kerngeschäft zugerechnet. Eine **Ausnahme** stellen **Steuernachzahlungen** dar.

Zu Zeile 31: 7460 Verluste aus Wertpapierverkauf

Werfen Sie noch einmal einen Blick auf die Eintragungen der Zeile 8. Den dort genannten Erträgen aus Wertpapierverkauf haben wir einen völlig betriebsfremden Zweck zugewiesen. Genauso verhält es sich auch bei der nun genannten Position **„7460 Verluste aus Wertpapierverkauf"**. Es ist ebenfalls davon auszugehen, dass hier ein völlig betriebsfremder Zweck vorliegt.

Zu Zeile 32: 7510 Zinsaufwand

Analog zu den unterschiedlichen Behandlungen von Mieterträgen und Mietaufwendungen wird auch die Position **„7510 Zinsaufwand"** anders behandelt als die Zinserträge der Zeile 7: Wurden Zinserträge als völlig neutral bzw. völlig betriebsfremd gesehen, so wird den Zinsaufwendungen ein betrieblicher Hintergrund unterstellt, da diese für eventuelle Darlehen entstehen, die für Investitionen in das Kerngeschäft des Unternehmens erforderlich sind.

Zu Zeile 33: 7600 Außerordentliche Aufwendungen

Bei der Position **„7600 Außerordentliche Aufwendungen"** handelt es sich um einen betrieblichen Hintergrund, der jedoch nicht als regelmäßig zu bezeichnen ist. In diesem Falle wurde durch Schmieröl eine Bodenverunreinigung verursacht, die eine fachgerechte Entsorgung erforderlich machte.

Zu Zeile 34:

Hier werden nun jeweils die Summen der Spalten 1 bis 8 eingetragen.

Zu Zeile 35:

Diese Zeile wird auch als Saldenzeile bezeichnet. Sie ermitteln hier – ähnlich wie bei dem GuV-Konto – einen Gewinn oder einen Verlust oder allgemein ausgedrückt: ein positives oder ein negatives Ergebnis. Den Saldo tragen Sie jeweils in der Spalte ein, in der die kleinere Summe entstanden ist.

Zu Zeile 36:

Auch hier wird wieder die Ähnlichkeit zu einem Kontenabschluss deutlich. In diese Zeile tragen Sie nun jeweils die Gesamtsummen der Spalten ein.

3. Überprüfen Sie nun Ihre Eintragungen durch die Abstimmung der Teilergebnisse und Anwendung der in der Info-Box genannten **Rechenregel:**

Gesamtergebnis = neutrales Ergebnis + Betriebsergebnis

Übernehmen Sie die Werte der Zeilen 34, 35 und 36 aus Ihrer ersten Ergebnistabelle von S. 17.

M1

Ergebnistabelle							
Rechnungskreis I			Rechnungskreis II				
Gesamtergebnis-Rechnung der Finanzbuchhaltung			unternehmensbezogene Abgrenzungen		betriebsbezogene Abgrenzungen		Kosten- und Leistungsbereich	
		1	2	3	4	5	6	7	8
Z.	Konto	Aufwen-dungen	Erträge	Aufwen-dungen	Erträge	Aufwen-dungen	Erträge	Kosten	Leistungen
34	Summen								
35	Salden								
36	Gesamtsummen								

Gesamtergebnis | Ergebnis aus unternehmensbezogenen Abgrenzungen | Ergebnis aus betriebsbezogenen Abgrenzungen | Betriebsergebnis

neutrales Ergebnis

_____ = _____ + _____

4. Ermitteln Sie die Wirtschaftlichkeit des Betriebs.

$$\text{Wirtschaftlichkeit des Betriebs} = \frac{\text{Leistungen}}{\text{Kosten}} =$$

Vertiefende Aufgaben

1. Die Öko-Tex GmbH hat für den Monat Juni den Abschluss erstellt und das folgende GuV-Konto ermittelt. Erstellen Sie aus den gegebenen Daten die Ergebnistabelle und stimmen Sie die Teilergebnisse ab.

Soll	Gewinn- und Verlust-Konto		Haben
6000 Aufw. für Rohstoffe	1.400.000,00	5000 Umsatzerlöse für eig. Erzeugnisse	5.850.000,00
6020 Aufw. für Hilfsstoffe	198.000,00	5400 Mieterträge	1.200,00
6160 Fremdinstandhaltung	2.500,00	5410 Sonst. Erlöse (a. Anlagenabgang)	30.000,00
6200 Löhne	2.000.000,00	5710 Zinserträge	2.500,00
6300 Gehälter	700.000,00		
6520 Abschreibungen auf Sachanlagen	1.000.000,00		
6850 Reisekosten	900,00		
6870 Werbeaufwand	265.000,00		
6979 Anlagenabgänge	35.000,00		
7020 Grundsteuer	700,00		
7460 Verluste aus Wertpapierverkauf	4.000,00		
7510 Zinsaufwand	1.100,00		
Gewinn	276.500,00		
	5.883.700,00		5.883.700,00

Vorlage zu Aufgabe 1:

		Ergebnistabelle							
		Rechnungskreis I		Rechnungskreis II					
		Gesamtergebnis-Rechnung der Finanzbuchhaltung		unternehmensbezogene Abgrenzungen		betriebsbezogene Abgrenzungen		Kosten- und Leistungsbereich	
		1	2	3	4	5	6	7	8
Z.	Konto	Aufwen-dungen	Erträge	Aufwen-dungen	Erträge	Aufwen-dungen	Erträge	Kosten	Leistungen
1									
2									
3									
4									
5									
6									
7									
8									
9									
10									
11									
12									
13									
14									
15									
16									
17	Summen								
18	Salden								
19	Gesamtsummen								
		Gesamtergebnis		Ergebnis aus unternehmensbezogenen Abgrenzungen		Ergebnis aus betriebsbezogenen Abgrenzungen		Betriebsergebnis	
				neutrales Ergebnis					

2. Die Lothar Lindemann KG weist für den abgelaufenen Monat die folgenden GuV-Positionen aus. Erstellen Sie aus den GuV-Positionen eine Ergebnistabelle und stimmen Sie die Teilergebnisse ab.

Konto	Betrag
5000 Umsatzerlöse für eigene Erzeugnisse	578.000,00 EUR
5100 Umsatzerlöse für (Handels-)Waren	8.300,00 EUR
5200 Bestandsveränderungen (Mehrung)	6.100,00 EUR
5710 Zinserträge (f. langfristig angelegte Gelder)	2.500,00 EUR
6000 Aufwendungen für Rohstoffe	210.000,00 EUR
6020 Aufwendungen für Hilfsstoffe	11.600,00 EUR
6200 Löhne	160.000,00 EUR
6300 Gehälter	32.400,00 EUR
6400 Arbeitgeberanteil zur Sozialversicherung	27.400,00 EUR
6520 Abschreibungen auf Sachanlagen	136.100,00 EUR
6700 Mieten (für einen Rohstofflagerraum)	850,00 EUR
6800 Büromaterial	1.400,00 EUR
7030 Kfz-Steuer für betriebliche Fahrzeuge	410,00 EUR
7400 Abschreibungen auf Finanzanlagen	3.640,00 EUR

3. Die Öko-Tex GmbH ermittelte für den abgelaufenen Monat das folgende GuV-Konto. Die Mieterträge wurden für ein verpachtetes Gebäude erzielt. Hierfür sind die halben Grundsteuern anzusetzen. Im gesamten Abschreibungsaufwand sind auch die Abschreibungen für dieses vermietete Gebäude enthalten, die mit 8.210,00 EUR veranschlagt werden. Vom Fremdinstandhaltungsaufwand entfallen 750,00 EUR auf dieses vermietete Gebäude. In den Aufwendungen für Betriebsstoffe sind auch die Kosten für das Heizöl des vermieteten Gebäudes enthalten. Diese betragen 250,00 EUR. Erstellen Sie die Ergebnistabelle und stimmen Sie die Teilergebnisse ab.

Beachten Sie, dass bei einzelnen Positionen dieser Ergebnistabelle Mehrfacheintragungen erforderlich sind.

Soll	Gewinn- und Verlust-Konto		Haben
6000 Aufw. für Rohstoffe	1.380.000,00	5000 Umsatzerlöse für eig. Erzeugnisse	5.010.000,00
6020 Aufw. für Hilfsstoffe	187.000,00	5200 Bestandsveränderungen	3.500,00
6030 Aufw. für Betriebsstoffe	25.000,00	5400 Mieterträge	1.200,00
6160 Fremdinstandhaltung	2.500,00	5710 Zinserträge	2.500,00
6200 Löhne	1.500.000,00		
6300 Gehälter	700.000,00		
6520 Abschreibungen auf Sachanlagen	1.000.000,00		
6700 Mietaufwand	600,00		
6820 Post- und Kommunikationsaufw.	450,00		
6870 Werbeaufwand	31.000,00		
7020 Grundsteuer	700,00		
7030 Kfz-Steuer	560,00		
7400 Abschreibungen auf Finanzanlagen	300,00		
7510 Zinsaufwand	1.100,00		
Gewinn	187.990,00		
	5.017.200,00		5.017.200,00

2.2 Ergebnistabelle mit kostenrechnerischen Korrekturen

▶ **Fallsituation:** **Unbrauchbare Werte aus der Finanzbuchführung?**

Frau Straub hat zum Ende der vergangenen Woche das GuV-Konto für den Monat April erstellt. Zusammen mit Herrn Nolte, dem kaufmännischen Leiter der BüKo OHG, bespricht sie verschiedene Positionen. Carina Crämer ist als Zuhörerin dabei. Das GuV-Konto stellt sich wie folgt dar:

Soll		Gewinn- und Verlust-Konto für den Monat April		Haben
6000 Aufw. f. Rohstoffe	25.000,00	5000 Umsatzerl. f. eig. Erz.	120.000,00	
6020 Aufw. f. Hilfsstoffe	3.000,00	5200 Bestandsveränd.	5.000,00	
6030 Aufw. f. Betriebstoffe	1.000,00	5410 So. Erl. (a. Anlagenabg.)	3.000,00	
6050 Aufw. f. Energie	1.200,00	5710 Zinserträge	200,00	
6160 Fremdinstandhaltung	1.400,00			
6200 Löhne	35.000,00			
6300 Gehälter	12.000,00			
6400 AG-Anteil zur SV	9.500,00			
6520 Abschr. a. Sachanl.	2.500,00			
6700 Mietaufwand	500,00			
6800 Büromaterial	450,00			
6870 Werbeaufwand	800,00			
6979 Anlagenabgänge	4.000,00			
7000 Betriebliche Steuern	1.250,00			
7460 Verl. a. Wertpapierverk.	2.000,00			
7510 Zinsaufwand	1.500,00			
Gewinn	27.100,00			
	128.200,00		128.200,00	

Frau Straub: Hallo, Herr Nolte! Die Gewinn- und Verlust-Rechnung für den Monat April habe ich soweit fertig erstellt.

Herr Nolte: Das ist prima! Bei einigen Positionen habe ich jedoch noch ein paar Hinweise, die ich gerne mit Ihnen besprechen möchte. Die Aufwendungen uneingeschränkt als Kosten zu übernehmen, erscheint mir in einigen Fällen doch sehr problematisch.

Frau Straub: Sie meinen bspw. die Positionen Anlagenabgänge oder Verluste aus Wertpapierverkauf? Diese sortieren wir doch rechtzeitig, sodass sie das Betriebsergebnis nicht beeinflussen!

Herr Nolte: Nein, diese beiden Konten meine ich nicht. In der Finanzbuchhaltung haben wir als Zielsetzung, möglichst wenig gewinnabhängige Steuern zu bezahlen. Daher versuchen wir alle Vorschriften der Buchführung so auszunutzen, dass wir einen möglichst kleinen Jahresgewinn ausweisen. Gleichzeitig stehen wir aber auch vor der Problematik, unsere Verkaufspreise nicht zu hoch und nicht zu niedrig zu kalkulieren – dies insbesondere vor dem Hintergrund des Wettbewerbs. Hinzu kommt außerdem die Schwierigkeit, dass unsere Kunden von uns langfristige Verkaufspreise verlangen. Die Kalkulation muss also sehr sicher aufgestellt sein.

Frau Straub: Ich kann mir vorstellen, welche Gedanken Sie dabei haben. Lassen Sie uns doch die relevanten Positionen der Reihe nach besprechen.

> Die Aufwendungen uneingeschränkt als Kosten zu übernehmen, erscheint mir in einigen Fällen doch recht problematisch.

Herr Nolte:	Okay, fangen wir mit den **Aufwendungen für Rohstoffe** an. Wir haben im April insgesamt Rohstoffe im Wert von 25.000,00 EUR verbraucht. In den vergangenen Tagen habe ich verschiedene Gespräche mit unseren Lieferern geführt. Nahezu alle Zulieferer stehen vor dem Problem, die Preise anheben zu müssen.
Frau Straub:	Vielleicht sollten wir im Kosten- und Leistungsbereich dann besser mit höheren Werten arbeiten?
Herr Nolte:	Ja, ich denke, dass wir dies nicht umgehen können. Als nächste Position sollten wir uns die **Abschreibungen auf Sachanlagen** anschauen.
Frau Straub:	Hier unterliegen wir den Vorschriften der Steuerbehörden, die uns vorschreiben, in welchem zeitlichen Umfang ein Vermögensgegenstand abzuschreiben ist.
Herr Nolte:	Dessen bin ich mir bewusst. Betrachten wir einen Großteil unserer Maschinen: Die Steuerbehörden schreiben beispielsweise eine gewöhnliche Nutzungsdauer von zehn Jahren vor. Die Erfahrung hat aber gezeigt, dass wir unsere Maschinen im Schnitt bereits nach acht Jahren erneuern – dies insbesondere vor dem Hintergrund der starken Beanspruchung und der technischen Entwicklungen. Auch bei den Gebäuden habe ich Probleme. Im Schnitt werden uns 20 Jahre Nutzungsdauer vorgegeben. Zuletzt mussten wir aber bereits nach 15 Jahren die Anordnung der Betriebshalle komplett verändern. Bei der Betriebs- und Geschäftsausstattung sehe ich das Ganze eher anders herum. Hier werden im Schnitt fünf Jahre Nutzungsdauer unterstellt. Ich denke jedoch, dass wir die BGA im Schnitt mindestens für sechs Jahre nutzen.

	Und bevor ich noch einen wichtigen Punkt vergesse: Können Sie sich noch an die Neuanschaffung unserer großen Säge erinnern?
Frau Straub:	Ja, das kann ich! Der Kaufpreis der neuen Säge gegenüber der damaligen Anschaffung war deutlich gestiegen.
Herr Nolte:	Sehen Sie, nahezu alle Gegenstände werden zukünftig teurer. Auch dies müssen wir berücksichtigen! Die in der Kalkulation der Verkaufspreise berücksichtigten Abschreibungen sollen schließlich dazu führen, dass wir am Ende der Nutzungsdauer wieder neue Maschinen kaufen können.
	Als nächste Position habe ich den **Mietaufwand** im Blick!
Frau Straub:	Herr Budtke und auch Sie haben bei der Zusammenlegung Ihrer beiden Betriebe jeweils Gebäudeteile in die BüKo OHG eingebracht. Hierfür erhalten Sie beide jedoch keine Mietzahlungen. Unser Mietaufwand bezieht sich ausschließlich auf die gemietete Lagerhalle.
Herr Nolte:	Sie meinen also, dass wir auch für diese kostenlos zur Verfügung gestellten Gebäudeteile einen Betrag im Kosten- und Leistungsbereich ansetzen sollen?

Frau Straub:	Ja, denn unter anderen Umständen müssten wir hierfür doch eine ortsübliche Miete zahlen.

Herr Nolte: In diesem Zusammenhang fällt mir noch die Position **Zinsaufwand** in den Blick: Für einen Teil unserer Vermögensgegenstände haben wir Kredite bei den Banken aufgenommen und zahlen hierfür Zinsen. Alles andere haben wir mit unserem Eigenkapital finanziert. In anderen Unternehmen wird mit Sicherheit mehr über Fremdkapital finanziert. Warum also soll sich unser Eigenkapital nicht auch über die kalkulierten Verkaufspreise verzinsen?

Frau Straub: Ich habe neulich in einer Fachzeitschrift einen Bericht gelesen, dass man in der Kalkulation für den Zinsaufwand das betriebsnotwendige Kapital als Grundlage ansetzt. Dieses setzt sich aus dem betriebsnotwendigen Anlage- und Umlaufvermögen abzüglich des zinslos zur Verfügung gestellten Fremdkapitals zusammen.

Herr Nolte: Und mir fällt noch ein: In diesem Monat hatten wir überhaupt keine Gewährleistungsverpflichtungen zu erfüllen. Im letzten Monat hatten wir diese unter der Position **„6930 Verluste aus Schadensfällen"** gebucht. Sollten wir nicht auch hierfür einen Durchschnittswert ansetzen?

Frau Straub: Mir ist noch ein letztes Problem aufgefallen: Sie und Herr Budtke können als Gesellschafter der BüKo OHG kein **Gehalt bzw. Unternehmerlohn** geltend machen, wie bspw. der Geschäftsführer einer GmbH. Sie beide bestreiten Ihren Lebensunterhalt vom versteuerten Gewinn der BüKo OHG. Ihre umfangreichen Tätigkeiten müssen sich doch aber auch über den kalkulierten Verkaufspreis unserer Produkte auszahlen!

Herr Nolte: Das stimmt. Wir sollten hier vielleicht für Herrn Budtke und für mich jeweils 2.000,00 EUR pro Monat ansetzen.

Frau Straub: Ich mache mich an die Arbeit und werde Ihnen in den nächsten Tagen eine überarbeitete Ergebnistabelle vorlegen.

Frau Straub macht sich an die Arbeit und greift auch dabei wieder auf die Auszubildende Carina Crämer zurück.

Frau Straub: Ich habe einen neuen Auftrag von Herrn Nolte erhalten. Wir haben uns überlegt, dass es nicht immer sinnvoll ist, die Aufwendungen des GuV-Kontos uneingeschränkt als Kostenpositionen in den Kosten- und Leistungsbereich zu übernehmen.

Carina: Okay, aber ich verstehe noch nicht, wie genau dann die Ergebnistabelle aussehen soll. Auch ist mir unklar, aus welchem Grunde genau diese Änderungen aufgenommen werden sollen.

Frau Straub: Machen wir uns an die Arbeit! Wir werden auch hier wieder Schritt für Schritt vorgehen, sodass Sie anschließend in der Lage sein werden, die **Ergebnistabelle mit kostenrechnerischen Korrekturen** aufzustellen. Auch hierzu habe ich wieder wichtige Informationen bereitgestellt, die Sie sich bitte anschauen.

4 Goette u.a. - ISBN 978-3-8120-1032-0

Anwendungsaufgaben

1. Erläutern Sie mithilfe der unten stehenden Info-Box (Teil 1) die Zielsetzungen in der Finanzbuchhaltung und in der Kosten- und Leistungsrechnung. Stellen Sie fest, aus welchen Gründen es erforderlich ist, die Daten der Finanzbuchhaltung mit anderen Werten in den Kosten- und Leistungsbereich zu übernehmen.

Zielsetzungen der Finanzbuchhaltung	Zielsetzungen der KLR

 INFO-BOX, TEIL 1

Kosten- und Leistungsrechnung: Zielsetzung und wichtige Begriffe

Die Kosten- und Leistungsrechnung (KLR) hat einen ganz anderen Zweck als die Finanzbuchhaltung. Einerseits strebt sie eine möglichst genaue Erfassung aller entstandenen Kosten an, andererseits sollen alle Zufallsschwankungen, die eine innerbetriebliche und außerbetriebliche Vergleichbarkeit stören würden, von dieser Rechnung ferngehalten werden.

Somit werden bestimmte Aufwendungen der Finanzbuchhaltung in der KLR anderes verrechnet: Dies sind die sogenannten **Anderskosten (aufwandsungleiche Kosten),** z. B. kalkulatorische Abschreibungen, kalkulatorische Zinsen für das Fremdkapital, kalkulatorische Wagnisse. Darüber hinaus werden in der KLR auch Kosten erfasst, denen in der Finanzbuchhaltung kein Aufwand gegenübersteht: Diese **aufwandslosen Kosten** werden als **Zusatzkosten** (z. B. kalkulatorischer Unternehmerlohn, kalkulatorische Zinsen für das Eigenkapital) im engeren Sinne bezeichnet. Im weiteren Sinne zählt zu den Zusatzkosten auch der Teil der Anderskosten, um den diese die Aufwendungen der Finanzbuchhaltung übersteigen. Zur Vollständigkeit: Die Aufwendungen, die ohne jegliche Änderungen in den Kosten- und Leistungsbereich übernommen werden, bezeichnet man als **Grundkosten (aufwandsgleiche Kosten).**

▶ Anderskosten

▶ Zusatzkosten

▶ Grundkosten

Kostenrechnerische Korrekturen beziehen sich auf die Anderskosten und die Zusatzkosten.

▶ Kostenrechnerische Korrekturen

2. **a)** Arbeiten Sie aus der Fallsituation heraus, welche GuV-Positionen nach Ansicht von Herrn Nolte und Frau Straub nicht uneingeschränkt in die Ergebnistabelle übernommen werden sollten.

   b) Fassen Sie für jede Position die von Herrn Nolte bzw. von Frau Straub geäußerten Bedenken zusammen.

   c) Skizzieren Sie auf Basis der Info-Box (Teil 2) (siehe S. 28 ff.), in welcher Weise die angeführten Probleme gelöst werden können.

zu a): GuV-Position	zu b): Probleme bei der Übernahme in die Ergebnistabelle	zu c): Lösung

INFO-BOX, TEIL 2

Kostenrechnerische Korrekturen durch kalkulatorische Kosten

Bei den **kostenrechnerischen Korrekturen** werden folgende Unterscheidungen getroffen:

Kalkulatorische Verrechnungspreise für Werkstoffe

Führt man sich noch einmal die Ziele vor Augen, die durch den Ansatz kalkulatorischer Kosten erreicht werden sollen, so fällt auf, dass auch die Werkstoffkosten diesen Zielen nicht in vollem Maße gerecht werden. Die Werkstoffkosten setzen sich aus den Verbrauchsmengen und den Anschaffungskosten je Stück zusammen.

Die Verbrauchsmenge wird anhand von Materialentnahmescheinen oder durch direkte Buchung auf den betreffenden Aufwandskonten und unter Hinzuziehung von Inventurwerten ermittelt. Setzt man einen konstanten Anschaffungswert an, so verändern sich die Materialkosten proportional zur Verbrauchsmenge (variable Kosten). Ein Problem ergibt sich jedoch dadurch, dass die Werkstoffpreise schwanken können. Sinkt beispielsweise die Verbrauchsmenge, steigt jedoch hingegen der Anschaffungswert, so können die Werkstoffkosten insgesamt ansteigen. Im Rahmen der Kostenkalkulation und auch in der Ermittlung von Verkaufspreisen führen derartige Schwankungen zu Problemen.

In der Praxis wird daher eine Methode verwendet, bei der man anstelle der tatsächlichen Anschaffungskosten konstante Verrechnungspreise verwendet. Der Verrechnungspreis für einen Werkstoff ergibt sich dabei bspw. aus dem Durchschnittspreis der zurückliegenden Abrechnungsperioden. Auch zukünftig erwartete Preissteigerungen oder Preissenkungen können dabei berücksichtigt werden. Von Zeit zu Zeit müssen diese Werte natürlich an die tatsächlichen Gegebenheiten angepasst werden.

Kalkulatorische Abschreibungen

In der Finanzbuchhaltung unterliegt die Ermittlung der Abschreibungshöhe den steuerbehördlichen Vorschriften. Die Abschreibung orientiert sich zunächst an den Anschaffungskosten, deren Ermittlung im HGB vorgeschrieben ist. Die Nutzungsdauer wird über die Abschreibungstabellen vorgegeben. Es ergibt sich somit ein jährlich gleichbleibender Abschreibungsbetrag (lineare Abschreibung).

▶ bilanzielle Abschreibungen

Abschreibungen stellen Aufwendungen dar, die den Gewinn mindern. Bei verminderten Gewinnen sinkt demzufolge auch die Belastung durch die zu zahlenden Ertragsteuern. Es verbleibt also mehr Geld im Unternehmen, das für weitere Investitionen oder auch zur Tilgung von Schulden (Verbindlichkeiten a. LL. und Krediten) genutzt werden kann. Die Liquidität des Unternehmens wird also gefördert. Daher wird der Unternehmer i. d. R. versuchen, den Abschreibungsaufwand in der Form zu gestalten, wie er für ihn bzw. das Unternehmen am günstigsten ist.

Diese Abschreibung in der Finanzbuchhaltung wird als „buchhalterische" oder auch **„bilanzielle" Abschreibung** bezeichnet. Sie allein wirkt sich auf die Bilanz und den Jahreserfolg und demnach auf die zu zahlenden Ertragsteuern aus.

In der Kosten- und Leistungsrechnung (KLR) wird der eigentliche Betriebszweck betrachtet. Es soll daher **die tatsächliche bzw. auch die vorausschauende Wertminderung** angesetzt werden, da ansonsten die Kostenrechnung ungenau wird. Die Berechnung der Abschreibungshöhe

▶ kalkulatorische Abschreibungen

innerhalb der KLR wird nach anderen Kriterien vorgenommen als in der Finanzbuchhaltung. Man kann sie als praxisnaher oder besser zukunftsorientierter beschreiben.

Der Unternehmer unterliegt in der KLR keinen gesetzlichen Vorschriften. Somit kann von den steuerbehördlichen Merkmalsvorschriften der Abschreibung (Anschaffungskosten und vorgegebene Nutzungsdauer laut Abschreibungstabelle) abgewichen werden.

Vermögensgegenstände, wie z.B. Maschinen oder Fahrzeuge, unterliegen im Betriebsalltag einer zum Teil starken Nutzung und müssen daher zu gegebener Zeit ersetzt werden. Zwar besteht die Chance, dass Vermögensgegenstände im Laufe der Zeit günstiger werden (z.B. durch technischen Fortschritt), der Regelfall jedoch ist eher darin zu sehen, dass bei einer Ersatzbeschaffung ein höherer Preis (z.B. durch Inflation oder Leistungssteigerung) zu zahlen ist. Anstelle der Anschaffungskosten setzt der Unternehmer daher die wahrscheinlichen **Wiederbeschaffungskosten** eines Vermögensgegen- ▶ Wiederbeschaffungskosten
standes an. Da Abschreibungsbeträge in die Kalkulation des Verkaufspreises eingehen, besteht für den Unternehmer somit die Möglichkeit, den Wertverlust von Vermögensgegenständen über den Verkaufspreis wieder „hereinzuholen" bzw. zu „verdienen" und hierdurch flüssige Mittel für Neuanschaffungen zu generieren. Außerdem besteht hier die Möglichkeit, dass der Unternehmer anstelle der vorgeschriebenen Nut- ▶ betriebszungsdauer aus den Abschreibungstabellen eine **betriebsindividuelle** individuelle
(tatsächliche) Nutzungsdauer ansetzt. Diese kann über, aber auch unter Nutzungsdauer
der vorgeschriebenen Nutzungsdauer liegen.

Bilanzielle und kalkulatorische Abschreibungen werden wie folgt berechnet:

	Bilanzielle Abschreibung **= Abschreibungsbeträge der** **GuV-Rechnung** **(der Finanzbuchhaltung)**	**Kalkulatorische Abschreibung** **= Abschreibungsbeträge für die KLR** **(zum Ansatz in der Ergebnistabelle)**
Grundlage der Abschreibungsbeträge	• tatsächliche Anschaffungskosten • Nutzungsdauer laut Abschreibungstabelle	• wahrscheinliche Wiederbeschaffungskosten • betriebsindividuelle tatsächliche Nutzungsdauer
Berechnung der Jahreswerte	$= \dfrac{\text{Anschaffungskosten}}{\text{vorgegebene Nutzungsdauer in Jahren}}$	$= \dfrac{\text{Wiederbeschaffungskosten}}{\text{betriebsindividuelle Nutzungsdauer in Jahren}}$
Berechnung der Monatswerte	$= \dfrac{\text{Jahresabschreibungswert}}{12 \text{ Monate}}$	$= \dfrac{\text{Jahresabschreibungswert}}{12 \text{ Monate}}$

Kalkulatorische Miete

Es bestehen verschiedene Möglichkeiten einer kalkulatorischen Miete: So kann es in der Realität vorkommen, dass ein Unternehmer Räume, die zu seinem Privatvermögen zählen, für betriebliche Zwecke ohne Berechnung zur Verfügung stellt. Würde er solche Räume anmieten, müssten Mietkosten gezahlt werden. Obwohl keine Mietzahlungen anfallen, ist es unter kostenrechnerischen Gesichtspunkten gerechtfertigt, in der Kostenrechnung einen der ortsüblichen Miete entsprechenden Betrag als kalkulatorische Miete anzusetzen.

Eine andere Möglichkeit des Ansatzes einer kalkulatorischen Miete besteht darin, dass ein Unternehmen verschiedene Gebäude bzw. Räume zu verschiedenen Kosten gemietet hat. Hinzu kommen monatlich unterschiedlich hohe Nebenkosten. Da es eventuell sehr aufwendig ist, die exakten Kosten eines jeden Monats zu ermitteln, besteht die Möglichkeit, einen gleichmäßig hohen Betrag anzusetzen.

Kalkulatorische Zinsen

In der Finanzbuchhaltung werden die Zinsaufwendungen erfasst, die für in Anspruch genommenes Fremdkapital tatsächlich gezahlt wurden. Hierbei kann es sich um Zinsen für (langfristige) Kredite oder auch um Überziehungszinsen handeln. Diese Zinsen sind i. d. R. betrieblich bedingt, sodass sie in die KLR einfließen.

Da der Unternehmer jedoch auch für das von ihm eingebrachte **Eigenkapital** eine Verzinsung beanspruchen kann, müssen in den Verkaufspreis der Erzeugnisse auch Zinsen für das Eigenkapital eingerechnet werden. Dies ist insbesondere vor dem Hintergrund zu sehen, dass der Einsatz von Eigenkapital im Unternehmen eine anderweitige Verwendung ausschließt. So könnte der Unternehmer sein Eigenkapital, das er dem Unternehmen zur Verfügung stellt, auch einer sicheren Geldanlage oder aber einer Wertpapieranlage zuführen. Unter Umständen könnte er hier sogar eine höhere Rendite (Verzinsung) erreichen, als wenn er dieses Eigenkapital im Unternehmen belässt.

> Etwas vereinfacht kann man sich folgende Frage stellen: Welche Zinsbeträge wären zu zahlen, wenn sämtliche Vermögensgegenstände (Anlage- und Umlaufvermögen), die für die Tätigkeit des Unternehmens erforderlich sind, mit Fremdkapital finanziert wären?

Es besteht die Möglichkeit darin, dass die kalkulatorischen Zinsen die **Zinsen des gesamten betriebsnotwendigen Kapitals (Anlagevermögen + Umlaufvermögen**, d. h. Vorräte, Forderungen, Geldbestand) **umfassen, und zwar unabhängig davon, ob es sich um Eigen- oder Fremdkapital handelt**. Da die Kapitalausstattung von Unternehmen vielfach sehr unterschiedlich ausfällt (die Eigenkapitalquoten schwanken von Unternehmen zu Unternehmen mitunter beträchtlich), lässt sich somit u. U. nicht nur eine bessere Vergleichbarkeit zu anderen Unternehmen herstellen, auch Schwankungen hinsichtlich der eigenen Kapitalausstattung können das Ergebnis nicht verfälschen.

Abgezogen werden allerdings die dem Unternehmen **zinslos** zur Verfügung stehenden Fremdmittel. Dieses sogenannte **Abzugskapital** setzt sich z. B. aus Verbindlichkeiten a. LL., aus Anzahlungen von Kunden und aus Rückstellungen zusammen. Das entsprechende **Rechenschema** stellt sich wie folgt dar:

Schema zur Berechnung des betriebsnotwendigen Kapitals		▶ betriebs-notwen-diges Kapital
betriebsnotwendiges Anlagevermögen	• Grundflächen des Unternehmens • Lager- und Produktionsgebäude • Technische Anlagen und Maschinen der Fertigung • Betriebs- und Geschäftsausstattung	
+ betriebsnotwendiges Umlaufvermögen	• Vorräte an Werkstoffen • Forderungen a. LL. • Fertige und Unfertige Erzeugnisse • Notwendiger Bestand an liquiden Mitteln	
= betriebsnotwendiges Vermögen		
− Abzugskapital	• Zinsfreie Kredite der Lieferer • Zinsfreie Darlehen • Anzahlungen von Kunden	
= **betriebsnotwendiges Kapital**		

Kalkulatorische Wagnisse

Nicht immer funktioniert der Ablauf eines Unternehmens reibungslos: Ein Kunde reklamiert eine Lieferung, sodass aus Gründen der gesetzlichen Gewährleistung oder der freiwilligen Garantiegewährung eine Neulieferung zu leisten ist; Werkstoffbestände können an Wert verlieren, weil sie durch Überalterung nicht mehr zu gebrauchen sind; Maschinen erleiden einen größeren Schaden; die Entwicklung eines neuen Produkts entpuppt sich als Flop; Kunden zahlen ihre Rechnungen nicht. Die Liste ist lang, die nachfolgende Tabelle gibt Ihnen einen Überblick über die wesentlichen Wagnisarten:

Einzelwagnisse eines Unternehmens und deren Erläuterungen	
Anlagenwagnis	Schäden im Anlagenbereich (Maschinen oder Fahrzeuge oder im Bereich der Betriebs- und Geschäftsausstattung), die u.a. durch Unfälle, Feuer oder ähnliche Effekte auftreten können.
Beständewagnis	Schäden, die bei der Lagerung entstehen können, wie bspw. Zerstörung, Diebstahl, Wertminderung durch Überalterung oder technischen Fortschritt oder auch Preisverfall.
Fertigungswagnis	Kosten, die entstehen, weil Konstruktions-, Material- oder Bearbeitungsfehler behoben werden müssen.
Vertriebswagnis	Verluste durch Zahlungsausfälle von Kunden, die bspw. durch Insolvenz o.Ä. entstehen können. Auch sind Verluste durch Wechselkursschwankungen möglich.
Gewährleistungswagnis	Kundenreklamationen, die beseitigt werden müssen.
Entwicklungswagnis	Kosten, die durch Fehlentwicklungen entstehen.

Diese Geschehnisse treten in der Regel unregelmäßig und in unterschiedlichen Höhen hinsichtlich der Beträge auf. Die Ergebnistabelle widmet sich im Rechnungskreis II (insbesondere in den Spalten 7 und 8) den regelmäßigen und nachhaltigen (also wiederholbaren) Positionen. Die o.g. Wagnisse werden im Monat ihres Auftretens in voller Höhe in der Finanzbuchhaltung erfasst. Würde man den entstandenen Betrag jedoch in voller Höhe in den Kosten- und Leistungsbereich (Spalte 7) überführen, so würde dieser hohe Betrag das Betriebsergebnis verfälschen. Aus Gründen der o.g. Regelmäßigkeit wäre es angebrachter, in der Spalte 7 einen Durchschnittswert aufzuführen, der sich aus der Erfahrung der letzten Monate oder auch Jahre ergeben kann. Somit kann der Unternehmer die verschiedenen Risiken auf ein gesamtes Jahr verteilen und trotzdem in ausreichender Höhe für seine Berechnung der Kosten berücksichtigen.

Übrigens: Das eine oder andere Risiko lässt sich in der heutigen Zeit auch versichern. So bestehen bspw. Versicherungen, die einen eventuellen Forderungsausfall eines Kunden absichern. Ein Risiko jedoch ist weder versicherbar noch ist es kalkulierbar: Das sog. **„allgemeine unternehmerische Risiko"**, also das Risiko von Verlusten oder sogar einer Insolvenz. Daher lässt sich dieses Risiko auch nicht in der Kostenrechnung berücksichtigen. Es gilt die Regel, dass dieses Risiko über den (erhofften) Gewinn des Unternehmens abgesichert ist.

Kalkulatorischer Unternehmerlohn

Die Gesellschafter der BüKo OHG, Herr Budtke und Herr Nolte, beziehen kein Gehalt. Ihre Arbeitsleistung wird über den Gewinn des Unternehmens abgegolten. Diese Regelung betrifft übrigens auch die Vollhafter der KG und selbstverständlich auch den Einzelunternehmer. Bei Kapitalgesellschaften hingegen ist es so, dass die Leiter (also die Geschäftsführer einer GmbH oder die Vorstände der AG) ein monatliches Gehalt beziehen. Dieses Gehalt stellt für die Kapitalgesellschaften einen Aufwand dar, der auch in der KLR berücksichtigt wird. Doch auch die Arbeitsleistung der Gesellschafter von Personengesellschaften und auch von den Einzelunternehmern soll in den Verkaufspreisen der Erzeugnisse berücksichtigt werden. Daher wird in der KLR ein **kalkulatorischer Unternehmerlohn** berücksichtigt, der sich an den Gehältern von leitenden Angestellten der Kapitalgesellschaften orientiert.

3. In der folgenden Ergebnistabelle **M1** hat Carina bereits den Großteil der Positionen aus dem GuV-Konto von S. 23 eingetragen. Die Beträge hat sie korrekt zugeordnet. Die Ergebnistabelle weist in den Zeilen 5, 13, 14, 20, 21 und 22 aber noch Lücken auf. Schritt für Schritt sollen hier nun die noch notwendigen Eintragungen zu den kostenrechnerischen Korrekturen vorgenommen werden.

Helfen Sie Carina bei der Bearbeitung der folgenden Arbeitsaufträge 3.1 bis 3.6. Hierzu wird es notwendig sein, dass Sie nochmal auf die vorangegangene Info-Box (Teil 2) zurückgreifen. Zudem gibt Frau Straub zu jedem Arbeitsauftrag hilfreiche Hinweise.

M1

		Ergebnistabelle							
		Rechnungskreis I			**Rechnungskreis II**				
		Gesamtergebnis-Rechnung der Finanzbuchhaltung		**unternehmensbezogene Abgrenzungen**		**betriebsbezogene Abgrenzungen**		**Kosten- und Leistungsbereich**	
		1	2	3	4	5	6	7	8
Z.	Konto	Aufwendungen	Erträge	Aufwendungen	Erträge	Aufwendungen	Erträge	Kosten	Leistungen
1	5000 Umsatzerl. f. eig. Erz.		120.000,00						120.000,00
2	5200 Bestandsveränd.		5.000,00						5.000,00
3	5410 So. Erl. (a. Anlagen)		3.000,00				3.000,00		
4	5710 Zinserträge		200,00		200,00				
5									
6	6020 Aufw. f. Hilfsstoffe	3.000,00						3.000,00	
7	6030 Aufw. f. Betriebsstoffe	1.000,00						1.000,00	
8	6050 Aufw. f. Energie	1.200,00						1.200,00	
9	6160 Fremdinstandhaltung	1.400,00						1.400,00	
10	6200 Löhne	35.000,00						35.000,00	
11	6300 Gehälter	12.000,00						12.000,00	
12	6400 AG-Anteil zur SV	9.500,00						9.500,00	
13									
14									
15	6800 Büromaterial	450,00						450,00	
16	6870 Werbeaufwand	800,00						800,00	
17	6979 Anlagenabgänge	4.000,00				4.000,00			
18	7000 Betriebliche Steuern	1.250,00						1.250,00	
19	7460 Verl. a. de. Wertp.-Verk.	2.000,00		2.000,00					
20									
21									
22									
23	**Summen**								
24	**Salden**								
25	**Gesamtsummen**								
		Gesamtergebnis		Ergebnis aus unternehmensbezogenen Abgrenzungen		Ergebnis aus betriebsbezogenen Abgrenzungen		**Betriebsergebnis**	
				neutrales Ergebnis					

3.1 Kalkulatorische Verrechnungspreise für Werkstoffe

Die Preise für Rohstoffe unterliegen bei der BüKo OHG zum Teil großen Schwankungen. Im April sind laut GuV-Konto 25.000,00 EUR als Verbrauchswert angefallen. Dieser Wert basiert auf zuletzt gefallenen Einkaufspreisen. Zukünftig geht das Unternehmen wieder von steigenden Preisen aus. Die Verantwortlichen der BüKo OHG entscheiden sich daher, von durchschnittlich 5 % höheren Einkaufspreisen auszugehen.

Ermitteln Sie den Wertansatz und tragen Sie ihn in die Ergebnistabelle ein.

Zeile 5: 6000 Aufwendungen für Rohstoffe

Der unter **„6000 Aufwendungen für Rohstoffe"** erfasste Rohstoffverbrauch in Höhe von 25.000,00 EUR wurde bislang als Position angesehen, die über einen echten betrieblichen Hintergrund verfügt und zum Kerngeschäft eines Unternehmens gehört. Dies bleibt auch zukünftig so! Allerdings hat sich die BüKo OHG dazu entschieden, mit den sog. **kalkulatorischen Verrechnungspreisen** zu kalkulieren und daher den soeben von Ihnen ermittelten Wert in Höhe von 26.250,00 EUR in der Kostenrechnung anzusetzen. In der Spalte 7 werden daher 26.250,00 EUR eingetragen.

Nun werden Sie feststellen, dass die Ihnen bekannte Rechenregel **Gesamtergebnis = Neutrales Ergebnis + Betriebsergebnis** nicht mehr aufgehen kann. Den Aufwendungen in Höhe von 25.000,00 EUR (Spalte 1 der Ergebnistabelle) stehen nun Kosten in Höhe von 26.250,00 EUR (Spalte 7) gegenüber. Die o. g. Rechenregel ist nicht mehr erfüllt, denn 25.000,00 EUR ≠ 26.250,00 EUR. Es entsteht also ein Ungleichgewicht in Höhe von 1.250,00 EUR.

Zur Wiederherstellung der Rechenregel sind somit weitere Eintragungen erforderlich. Allerdings hat sich eine Schreibweise verankert, die nicht mit dem Differenzbetrag (hier 1.250,00 EUR) arbeitet. Der Ausgleich wird hergestellt, indem mit den Absolut-Werten gearbeitet wird. Die Vorgehensweise gestaltet sich wie folgt:

Zusätzlich zur Eintragung der 26.250,00 EUR in Spalte 7 **(Kosten)** erfolgt eine Eintragung in gleicher Höhe in Spalte 6 **(Erträge)** der Ergebnistabelle. Rein rechnerisch heben sich die beiden Beträge somit auf, da sie gegengerechnet (neutralisiert) werden.

Aber: Die Rechenregel ist bislang noch nicht wiederhergestellt! Der in Spalte 1 der Ergebnistabelle eingetragene Betrag in Höhe von 25.000,00 EUR, der aus dem GuV-Konto stammt, wird nun noch in Spalte 5 der Ergebnistabelle eingetragen.

Somit erhält die Zeile 5 folgendes Aussehen:

Z.	Konto	Gesamtergebnis-Rechnung der Finanzbuchhaltung		unternehmensbezogene Abgrenzungen		betriebsbezogene Abgrenzungen		Kosten- und Leistungsbereich	
		1	2	3	4	5	6	7	8
		Aufwendungen	Erträge	Aufwendungen	Erträge	Aufwendungen	Erträge	Kosten	Leistungen
5	5000 Aufw. f. Rohstoffe	25.000,00				25.000,00	26.250,00	26.250,00	
	Summen	25.000,00	0,00	0,00	0,00	25.000,00	26.250,00	26.250,00	
	Salden		(−)25.000,00		0,00	(+)1.250,00			(−)26.250,00
	Gesamtsummen	25.000,00	25.000,00	0,00	0,00	26.250,00	26.250,00	26.250,00	26.250,00
		Gesamtergebnis		Ergebnis aus unternehmensbezogenen Abgrenzungen		Ergebnis aus betriebsbezogenen Abgrenzungen		Betriebsergebnis	
				neutrales Ergebnis					

Die Aufrechterhaltung der Rechenregel lässt sich an dieser Stelle ohne weitere Eintragung der anderen Positionen deutlich machen:

Wir erhalten ein Gesamtergebnis von (−)25.000,00 EUR. Dem steht ein insgesamt neutrales Ergebnis von (+)1.250,00 EUR und ein Betriebsergebnis in Höhe von (−)26.250,00 EUR gegenüber. Eingesetzt in die Rechenregel bedeutet dies:

$$\text{Gesamtergebnis} = \text{Neutrales Ergebnis} + \text{Betriebsergebnis}$$
$$(-)25.000,00\ \text{EUR} = \underbrace{(+)1.250,00\ \text{EUR} + (-)26.250,00\ \text{EUR}}$$

➡ $(-)25.000,00\ \text{EUR} = (-)25.000,00\ \text{EUR}$

➡ Die Rechenregel ist also erfüllt, die Eintragungen wurden korrekt vorgenommen!

3.2 Kalkulatorische Abschreibungen

Im April sind laut GuV-Konto 2.500,00 EUR als Abschreibungsbeträge für das Anlagevermögen gebucht worden. Diese basieren auf den Anschaffungskosten und der in den Abschreibungstabellen vorgegebenen Nutzungsdauer. Zur Vereinfachung des Sachverhalts gehen wir davon aus, dass die Anschaffungskosten des gesamten Anlagevermögens 240.000,00 EUR betragen haben und im Durchschnitt einer vorgeschriebenen achtjährigen Nutzungsdauer unterliegen.

Zukünftig gehen wir davon aus, dass die Gegenstände des Anlagevermögens in der Regel bereits nach sechs Jahren erneuert werden müssen. Zusätzlich ist anzunehmen, dass die Wiederbeschaffungskosten im Schnitt um 5 % über den Anschaffungskosten liegen.

Vollziehen Sie den ermittelten Wert der bilanziellen Abschreibung nach, berechnen Sie die kalkulatorische Abschreibung und tragen Sie die ermittelten Wertansätze in die Ergebnistabelle ein.

	Bilanzielle Abschreibung	Kalkulatorische Abschreibung
Berechnung der Jahreswerte		
Berechnung der Monatswerte		

Zeile 13: 6520 Abschreibungen auf Sachanlagen

Bei der Position **„6520 Abschreibungen auf Sachanlagen"** wiederholt sich die Vorgehensweise, die auch schon bei den Aufwendungen für Rohstoffe bzw. den kalkulatorischen Verrechnungspreisen angewendet wurde. Dem Aufwand laut GuV-Konto in Höhe von 2.500,00 EUR stehen nun kalkulatorische Abschreibungen gegenüber, die soeben von Ihnen ermittelt wurden. Die Vorgehensweise zur Eintragung dieser Werte sollte Ihnen nun möglich sein. Nutzen Sie die folgende Notierhilfe (die Eintragung der Spalte 1 ist bereits vorgegeben):

Spalte	1	2.500,00 EUR
Spalte		EUR
Spalte		EUR
Spalte		EUR

3.3 Kalkulatorische Miete

Im GuV-Konto aus dem Monat April wurde ein Mietaufwand in Höhe von 500,00 EUR gebucht. Sowohl Herr Nolte als auch Herr Budtke haben jeweils Gebäudeteile in das Unternehmen eingebracht, für die beide keine Mietzahlungen erhalten. Eine ortsübliche Miete für diese beiden Gebäudeteile wäre mit insgesamt 300,00 EUR anzusetzen.

Ermitteln Sie den Wertansatz und tragen Sie ihn in die Ergebnistabelle ein.

Zeile 14: 6700 Mietaufwand

Die Situation wiederholt sich erneut bei der Position **„6700 Mietaufwand"**. Den Mietaufwendungen in Höhe von 500,00 EUR steht eine kalkulatorische Miete gegenüber, die ebenfalls soeben von Ihnen ermittelt wurde. Nutzen Sie erneut die Notierhilfe:

Spalte		EUR
Spalte		EUR
Spalte		EUR
Spalte		EUR

3.4 Kalkulatorische Zinsen

Der Monat April erforderte einen Zinsaufwand in Höhe von 1.500,00 EUR und beruht im Wesentlichen auf Krediten der Banken. Die BüKo OHG strebt jedoch auch eine Verzinsung des Eigenkapitals an und ermittelt ein betriebsnotwendiges Kapital in Höhe von 420.000,00 EUR. Dieses soll zu einem marktüblichen Zins von derzeit 8 % p. a. herangezogen werden. Pro Jahr würden also 33.600,00 EUR an Zinsen anfallen.

Ermitteln Sie den Betrag, der – auf einen Monat umgerechnet – in der KLR angesetzt werden soll.

Zeile 20: 7510 Zinsaufwand

Eine für Sie nun bekannte Situation: Der GuV-Position **„7510 Zinsaufwand"** in Höhe von 1.500,00 EUR stehen kalkulatorische Zinsen gegenüber. Nutzen Sie erneut die Notierhilfe:

Spalte		EUR
Spalte		EUR
Spalte		EUR
Spalte		EUR

3.5 Kalkulatorische Wagnisse am Beispiel des Gewährleistungswagnisses

Angenommen, ein Kunde reklamierte im vergangenen Monat März eine größere Lieferung von Seminarstühlen, weil diese aufgrund eines Mangels für ihn unbrauchbar waren. Da eine Nachbesserung nicht möglich erschien, war die BüKo OHG zu einer vollständigen Neulieferung verpflichtet. Der gesamte Schaden betrug 9.600,00 EUR. Im Monat März wurde dieser Betrag in der Finanzbuchhaltung unter der Position „6930 Verluste aus Schadensfällen" gebucht. Die BüKo OHG geht davon aus, dass derartige Vorfälle in der Regel nur selten auftreten. Obwohl im Monat April keine Reklamation aufgetreten ist, soll dennoch ein monatlicher Durchschnittswert in Höhe von 400,00 EUR in der KLR berücksichtigt werden.

Tragen Sie den Durchschnittswert in die Ergebnistabelle ein. Berücksichtigen Sie dabei, dass es sich um eine Position handelt, die im GuV-Konto nicht zu finden ist (sogenannte Zusatzkosten).

3.6 Kalkulatorischer Unternehmerlohn

Dem Gespräch zwischen Herrn Nolte und Frau Straub konnten Sie entnehmen, dass Herr Nolte für sich und seinen Partner, Herrn Budtke, jeweils 2.000,00 EUR als kalkulatorischen Unternehmerlohn in der KLR ansetzen möchte.

Tragen Sie den Wertansatz für den kalkulatorischen Unternehmerlohn in die Ergebnistabelle ein. Berücksichtigen Sie auch hier, dass es sich um Zusatzkosten handelt, denen kein Aufwand in der Finanzbuchhaltung gegenübersteht.

Zeile 21: Kalkulatorische Wagnisse und
Zeile 22: Kalkulatorischer Unternehmerlohn

Hier haben wir es nun mit Positionen zu tun, die im GuV-Konto nicht zu finden sind. Man spricht hier von den sog. **Zusatzkosten**. Folglich können in den Spalten 1 und 5 keine Eintragungen erfolgen. Es verbleiben aber noch die erforderlichen Eintragungen in den Spalten 6 und 7. Nutzen Sie erneut die Notierhilfen:

Kalkulatorische Wagnisse		
Spalte		EUR
Spalte		EUR

Kalkulatorischer Unternehmerlohn		
Spalte		EUR
Spalte		EUR

4. Überprüfen Sie Ihre Eintragungen durch die Abstimmung der Teilergebnisse.

		Ergebnistabelle							
		Rechnungskreis I			**Rechnungskreis II**				
		Gesamtergebnis-Rechnung der Finanzbuchhaltung		unternehmensbezogene Abgrenzungen		betriebsbezogene Abgrenzungen		Kosten- und Leistungsbereich	
		1	2	3	4	5	6	7	8
Z.	Konto	Aufwendungen	Erträge	Aufwendungen	Erträge	Aufwendungen	Erträge	Kosten	Leistungen
23	Summen								
24	Salden								
25	Gesamtsummen								

Gesamtergebnis	Ergebnis aus unternehmensbezogenen Abgrenzungen	Ergebnis aus betriebsbezogenen Abgrenzungen	Betriebsergebnis
	neutrales Ergebnis		

_____ = _____ + _____

5. Für die Erstellung der Ergebnistabelle besteht noch eine weitere Möglichkeit, die in den Kammerprüfungen favorisiert wird.

Dabei werden sämtliche kalkulatorischen Kosten an das Ende der Ergebnistabelle gesetzt. Sie werden feststellen, dass im Ergebnis kein Unterschied besteht. Sämtliche Summen und Salden sind in beiden Varianten identisch.

Erstellen Sie auch diese Variante der Ergebnistabelle. Beachten Sie, dass einige Positionen bereits vorgegeben sind. Sie sollen ausschließlich die Positionen ergänzen, die den kostenrechnerischen Korrekturen unterliegen.

		Ergebnistabelle							
		Rechnungskreis I		**Rechnungskreis II**					
		Gesamtergebnis-Rechnung der Finanzbuchhaltung		unternehmensbezogene Abgrenzungen		betriebsbezogene Abgrenzungen		Kosten- und Leistungsbereich	
		1	2	3	4	5	6	7	8
Z.	Konto	Aufwen-dungen	Erträge	Aufwen-dungen	Erträge	Aufwen-dungen	Erträge	Kosten	Leistungen
1	5000 Umsatzerl. f. eig. Erz.		120.000,00						120.000,00
2	5200 Bestandsveränd.		5.000,00						5.000,00
3	5410 So. Erl. (a. Anlagen)		3.000,00				3.000,00		
4	5710 Zinserträge		200,00		200,00				
5									
6	6020 Aufw. f. Hilfsstoffe	3.000,00						3.000,00	
7	6030 Aufw. f. Betriebsstoffe	1.000,00						1.000,00	
8	6050 Aufw. f. Energie	1.200,00						1.200,00	
9	6160 Fremdinstandhaltung	1.400,00						1.400,00	
10	6200 Löhne	35.000,00						35.000,00	
11	6300 Gehälter	12.000,00						12.000,00	
12	6400 AG-Anteil zur SV	9.500,00						9.500,00	
13									
14									
15	6800 Büromaterial	450,00						450,00	
16	6870 Werbeaufwand	800,00						800,00	
17	6979 Anlagenabgänge	4.000,00				4.000,00			
18	7000 Betriebliche Steuern	1.250,00						1.250,00	
19	7460 Verl. a. de. Wertp.-Verk.	2.000,00		2.000,00					
20									
	Kalkulatorische Kosten								
21									
22									
23									
24									
25									
26									
27	**Summen**								
28	**Salden**								
29	**Gesamtsummen**								
		Gesamtergebnis		Ergebnis aus unternehmensbezogenen Abgrenzungen		Ergebnis aus betriebsbezogenen Abgrenzungen		**Betriebsergebnis**	
				neutrales Ergebnis					

6. Erstellen Sie abschließend eine Liste, mit der Sie alle Positionen der Ergebnistabelle nach den Kriterien „Grundkosten", „Anderskosten" oder „Zusatzkosten" kennzeichnen.

Gegenüberstellung der Veränderungen			
Bezeichnung	Werte laut GuV (Spalte 1)	Werte, die in der Kostenrechnung berücksichtigt werden sollen (Spalte 7)	Bezeichnung der Veränderung
6000 Aufwendungen für Roh-stoffe und kalkulatorische Verechnungspreise			
6020 Aufwendungen für Hilfsstoffe			
6030 Aufwendungen für Betriebsstoffe			
6050 Aufwendungen für Energie			
6160 Fremdinstandhaltung			
6200 Löhne			
6300 Gehälter			
6400 Arbeitgeberanteil zur SV			
6520 Abschreibungen auf Sach-anlagen und kalkulatori-sche Abschreibungen			
6700 Mietaufwand und kalkulatorische Miete			
6800 Büromaterial			
6870 Werbeaufwand			
7000 Betriebliche Steuern			
7510 Zinsaufwand und kalkulatorische Zinsen			
Kalkulatorische Wagnisse			
kalkulatorischer Unternehmer-lohn			

Vertiefende Aufgaben

1. Die Lothar Lindemann KG hat im vergangenen Jahr einen Webautomaten zum Preis von 480.000,00 EUR angeschafft. Die Nutzungsdauer laut Abschreibungstabelle wird mit 10 Jahren veranschlagt. Bilanziell wird die Maschine linear abgeschrieben. Für die kalkulatorische Abschreibung geht das Unternehmen von einer nur achtjährigen Nutzungsdauer aus. Weiterhin ist für den Webautomaten von einer zukünftigen Preissteigerung von insgesamt 5 % auszugehen.

   a) Ermitteln Sie die monatliche bilanzielle und kalkulatorische Abschreibung, mit der jeweils in der Ergebnistabelle gearbeitet werden soll.

   b) Erläutern Sie die Erfassung der kalk. Abschreibungen in der Ergebnistabelle.

2. Aus der Buchhaltung liegen folgende Daten vor: Die Anschaffungskosten des Anlagevermögens in Höhe von 12.000.000,00 EUR wurden bisher in den ersten 2 Jahren kalkulatorisch mit 10 % jährlich linear abgeschrieben. Das betriebsnotwendige Umlaufvermögen des aktuellen Jahres betrug 350.000,00 EUR. Unter den vorhandenen Schulden von 780.000,00 EUR befinden sich aktuell 210.000,00 EUR Verbindlichkeiten an Lieferer.

   a) Ermitteln Sie das betriebsnotwendige Kapital zum aktuellen Zeitpunkt.

   b) Ermitteln Sie den Betrag, der monatlich bei einem Zinssatz von 9 % p.a. als kalkulatorischer Zins zu verrechnen ist.

   c) Erläutern Sie, warum die tatsächlich gezahlten Zinsen nicht in die Kosten- und Leistungsrechnung eingehen.

3. In der Lothar Lindemann KG betrugen die Ausgaben für Gewährleistungen in den letzten fünf Jahren durchschnittlich 1.950.000,00 EUR. Demgegenüber stand im gleichen Zeitraum ein Umsatz von durchschnittlich 39 Mio. EUR. In der laufenden Abrechnungsperiode betrug der Umsatz 3.500.000,00 EUR mit entsprechenden Gewährleistungsverpflichtungen.

   a) Berechnen Sie den Zuschlag in EUR, der als kalk. Wagnis zu verrechnen ist.

   b) Erläutern und begründen Sie, ob es berechtigt ist, bei der Verrechnung kalkulatorischer Wagnisse von einer Art Selbstversicherung zu sprechen.

4. Die Öko-Tex GmbH hat die in der Buchhaltung für den Monat Dezember ermittelten Werte in der nachfolgenden Ergebnistabelle (siehe S. 40) festgehalten.

   Für die Kalkulation sind die folgenden Daten zu berücksichtigen:

   Die Wiederbeschaffungskosten aller abnutzbaren betrieblichen Anlagegüter werden auf 21.600.000,00 EUR geschätzt. Die Nutzungsdauer für diese Anlagegüter beträgt durchschnittlich 15 Jahre. Die bilanziellen Abschreibungen für ein vermietetes Gebäude betragen monatlich 4.200,00 EUR. Dieser Betrag ist in den ausgewiesenen Abschreibungen auf Sachanlagen (Konto 6520) bereits enthalten.

   Das Anlagevermögen zum Zeitpunkt der Kalkulation beläuft sich auf 13.000.000,00 EUR. Darin enthalten ist ein vermietetes Gebäude in Höhe von 980.000,00 EUR. Das Umlaufvermögen beträgt 2.300.000,00 EUR. Im Umlaufvermögen enthalten sind 550.000,00 EUR für Aktien, die aus Spekulationsgründen gekauft wurden. Die zinslos zur Verfügung stehenden Liefererverbindlichkeiten belaufen sich auf 860.000,00 EUR. Der Fremdkapitalzinssatz beläuft sich auf 8 % pro Jahr.

   Die Verluste aus Schadensfällen (Konto 6930) sind in diesem Monat für extrem hohe Garantieleistungen entstanden, da eine Serie von Produkten fehlerhaft war. Für Garantieverpflichtungen rechnet die Öko-Tex GmbH ansonsten mit 2 % vom tatsächlichen Umsatz für eigene Erzeugnisse.

   In diesem Monat war eine umfangreiche Reparatur eines Hallendaches erforderlich, die zu den aufgeführten Aufwendungen in Höhe von 24.000,00 EUR geführt hat. Das Unternehmen möchte diesen Betrag gleichmäßig auf ein Geschäftsjahr verteilen.

   Das Unternehmen rechnet mit einer kalk. Miete in Höhe von 36.000,00 EUR pro Jahr.

 Die folgende Vorlage und das Download-Material zu den nachfolgenden Aufgaben sind so gestaltet, dass Sie immer zwischen zwei Varianten wählen können: Sie können die kalkulatorischen Kosten entweder auf der Höhe der betreffenden GuV-Position eintragen oder aber an das Ende der Ergebnistabelle setzen.

2 Vollkostenrechnung: die Ergebnistabelle

a) Erstellen Sie eine aussagefähige Ergebnistabelle und stimmen Sie die Teilergebnisse ab.

		Rechnungskreis I		Rechnungskreis II					
		Gesamtergebnis-Rechnung der Finanzbuchhaltung		unternehmensbezogene Abgrenzungen		betriebsbezogene Abgrenzungen		Kosten- und Leistungsbereich	
		1	2	3	4	5	6	7	8
Z.	Konto	Aufwendungen	Erträge	Aufwendungen	Erträge	Aufwendungen	Erträge	Kosten	Leistungen
1	5000 Umsatzerl. f. eig. Erz.		5.478.000,00						
2	5100 Umsatzerl. f. (H.)-Waren		18.300,00						
3	5200 Bestandsveränderungen		46.100,00						
4	5710 Zinserträge		35.500,00						
5	6000 Aufw. f. Rohstoffe	1.949.000,00							
6	6020 Aufw. f. Hilfsstoffe	411.600,00							
7	6160 Fremdinstandhaltung	24.000,00							
8	6200 Löhne	1.790.000,00							
9	6300 Gehälter	292.400,00							
10	6400 AG-Anteil zur SV	427.400,00							
11	6520 Abschr. a. Sachanlagen	156.100,00							
12	6700 Mietaufwand	1.850,00							
13	6800 Büromaterial	7.400,00							
14	6930 Verl. a. Schadensfällen	456.000,00							
15	7030 Kfz-Steuer	3.410,00							
16	7400 Abschr. a. Finanzanlagen	13.640,00							
17	7510 Zinsaufwand	5.400,00							
18									
19									
20									
21									
22									
23	**Summen**								
24	**Salden**								
25	**Gesamtsummen**								
		Gesamtergebnis		Ergebnis aus unternehmensbezogenen Abgrenzungen		Ergebnis aus betriebsbezogenen Abgrenzungen		Betriebsergebnis	
				neutrales Ergebnis					

b) Berechnen Sie die Wirtschaftlichkeit des Betriebs.

5. Die BüKo OHG beabsichtigt, zum Jahresende eine Ergebnistabelle aufzustellen, die noch einmal alle Jahreswerte berücksichtigt. Hierzu liegt Ihnen folgendes GuV-Konto vor:

Soll	Gewinn- und Verlust-Konto		Haben
6000 Aufw. f. Rohstoffe	400.000,00	5000 Umsatzerl. f. eig. Erz.	1.448.000,00
6020 Aufw. f. Hilfsstoffe	100.000,00	5200 Bestandsveränderungen	87.000,00
6030 Aufw. f. Betriebsstoffe	70.000,00	5400 Mieterträge	39.000,00
6200 Löhne	415.000,00	5410 So. Erl. (a. Anlagenabg.)	25.000,00
6300 Gehälter	215.000,00	5710 Zinserträge	23.000,00
6520 Abschr. a. Sachanlagen	180.000,00		
6700 Mietaufwand	25.000,00		
6870 Werbeaufwand	35.000,00		
6979 Anlagenabgänge	30.000,00		
7460 Verl. a. Wertpapierverk.	15.000,00		
7510 Zinsaufwand	12.000,00		
7600 Außerord. Aufw.	14.000,00		
Gewinn	111.000,00		
	1.622.000,00		1.622.000,00

Folgende Zusatzangaben liegen vor:
- Der kalkulatorische Unternehmerlohn beträgt 20.000,00 EUR.
- Der Rohstoffverbrauch wird zu Verrechnungspreisen angesetzt: 415.000,00 EUR.
- Die kalkulatorischen Zinsen betragen 13.000,00 EUR.
- Im Betrag der Abschreibungen auf Sachanlagen sind 16.000,00 EUR für eine vermietete Lagerhalle enthalten. Die kalkulatorischen Abschreibungen betragen 158.000,00 EUR.

a) Erstellen Sie eine aussagefähige Ergebnistabelle und stimmen Sie die Teilergebnisse ab.

b) Berechnen Sie die Wirtschaftlichkeit des Betriebs.

6. Die Öko-Tex GmbH hat für den Monat August das folgende GuV-Konto aufgestellt:

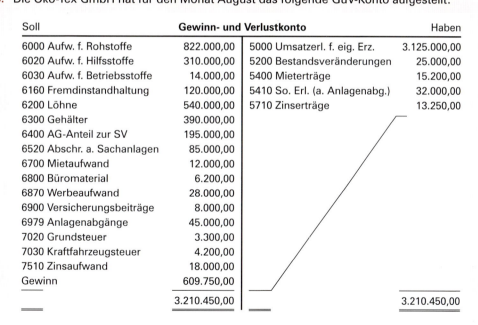

Soll	Gewinn- und Verlustkonto		Haben
6000 Aufw. f. Rohstoffe	822.000,00	5000 Umsatzerl. f. eig. Erz.	3.125.000,00
6020 Aufw. f. Hilfsstoffe	310.000,00	5200 Bestandsveränderungen	25.000,00
6030 Aufw. f. Betriebsstoffe	14.000,00	5400 Mieterträge	15.200,00
6160 Fremdinstandhaltung	120.000,00	5410 So. Erl. (a. Anlagenabg.)	32.000,00
6200 Löhne	540.000,00	5710 Zinserträge	13.250,00
6300 Gehälter	390.000,00		
6400 AG-Anteil zur SV	195.000,00		
6520 Abschr. a. Sachanlagen	85.000,00		
6700 Mietaufwand	12.000,00		
6800 Büromaterial	6.200,00		
6870 Werbeaufwand	28.000,00		
6900 Versicherungsbeiträge	8.000,00		
6979 Anlagenabgänge	45.000,00		
7020 Grundsteuer	3.300,00		
7030 Kraftfahrzeugsteuer	4.200,00		
7510 Zinsaufwand	18.000,00		
Gewinn	609.750,00		
	3.210.450,00		3.210.450,00

Folgende Zusatzangaben liegen vor:
- Der Zinsaufwand beinhaltet gezahlte Zinsen in Höhe von 4.500,00 EUR, die für eine vermietete Halle angefallen sind.
- Das Unternehmen arbeitet außerdem mit kalkulatorischen Zinsen. Diese werden ausgehend vom betriebsnotwendigen Kapital in Höhe von 3.187.500,00 EUR berechnet. Dieses soll mit 8 % jährlich verzinst werden.
- In den Abschreibungen ist ein Betrag in Höhe von 3.000,00 EUR enthalten, der auf die vermietete Halle entfällt.

6 Goette u.a. - ISBN 978-3-8120-1032-0

- Die kalkulatorischen Abschreibungen werden mit einem Jahresbetrag in Höhe von 1.080.000,00 EUR angesetzt.
- Ein Mechaniker des Unternehmens hat umfangreiche Reparaturarbeiten an der vermieteten Halle vorgenommen. Der Lohnanteil hierfür beträgt 5.000,00 EUR. Zusätzlich sind 1.050,00 EUR an Abgaben zur Sozialversicherung entstanden. Beide Beträge sind in den entsprechenden GuV-Positionen enthalten.
- In den Fremdinstandhaltungsaufwendungen sind 22.000,00 EUR enthalten, die sich auf die vermietete Halle beziehen.
- Das Unternehmen berücksichtigt kalkulatorische Wagnisse in Höhe von 9.000,00 EUR pro Monat.

a) Erstellen Sie eine aussagefähige Ergebnistabelle und stimmen Sie die Teilergebnisse ab.

b) Berechnen Sie die Wirtschaftlichkeit des Betriebs.

7. Ihnen liegen das nachfolgende GuV-Konto sowie einige Zusatzinformationen vor. Erstellen Sie die Ergebnistabelle, stimmen Sie die Teilergebnisse ab und ermitteln Sie die Wirtschaftlichkeitskennziffern.

Soll	Gewinn- und Verlustkonto für den Monat August 20..		Haben
6000 Aufw. f. Rohstoffe	30.000,00	5000 Umsatzerl. f. eig. Erz.	150.000,00
6020 Aufw. f. Hilfsstoffe	7.500,00	5400 Mieterträge	1.125,00
6160 Fremdinstandhaltung	19.000,00	5410 So. Erl. (a. Anlagenabg.)	8.000,00
6200 Löhne	15.000,00	5710 Zinserträge	2.500,00
6300 Gehälter	18.000,00		
6520 Abschr. auf Sachanlagen	9.000,00		
6770 Rechts- u. Beratungskosten	4.200,00		
6880 Spenden	1.500,00		
6979 Anlagenabgänge	6.000,00		
7020 Grundsteuer	700,00		
7460 Verl. a. Wertpapierverk.	4.000,00		
7510 Zinsaufwand	1.050,00		
Gewinn	45.675,00		
	161.625,00		161.625,00

Zusatzangaben	Betrag
Ein Stromausfall hat dazu geführt, dass Teile der Rohstoffe verdorben waren.	5.000,00 EUR
An einer vermieteten Halle wurde eine Dachreparatur durchgeführt.	4.000,00 EUR
In den Rechts- und Beratungskosten sind Kosten für eine Klage gegen den Stromanbieter enthalten.	2.000,00 EUR
Es werden kalk. Abschreibungen angesetzt. Diese beziehen sich auf folgende Daten.	
Wert des Anlagevermögens = 2.160.000,00 EUR	
Durchschnittliche Nutzungsdauer = 15 Jahre	
Es werden kalk. Zinsen angesetzt. Diese betragen 16.800,00 EUR p.a.	
Der Anteil der Grundsteuer für die vermietete Halle beträgt	200,00 EUR
Es wird eine kalk. Miete angesetzt. Diese beträgt jährlich	9.600,00 EUR
In der Summe der Zinserträge sind Verzugszinsen von Kunden enthalten.	400,00 EUR
Das Unternehmen hatte keine Schadensfälle zu verzeichnen. Dennoch wird mit kalk. Wagnissen in Höhe von 700,00 EUR gerechnet.	
Der kalk. Unternehmerlohn beträgt 24.000,00 EUR pro Jahr.	

Kompetenzcheck

▶ **Kann-Liste:** Aufgaben und Ziele der KLR, die Ergebnistabelle

☐ Aufgaben und Ziele der KLR

☐ Ergebnistabelle ohne und mit kostenrechnerischen Korrekturen

Ich kann ...	Information	Aufgaben	Eigene Kompetenzeinschätzung
die Aufgaben und Ziele der KLR nennen und erläutern.	Kapitel 1	S. 10f., Nr. 1, 2	
eine Ergebnistabelle ohne kostenrechnerische Korrekturen aufstellen.	Kapitel 2.1	S. 14ff., Nr. 2, 3 S. 20ff., Nr. 1–3	
eine Ergebnistabelle mit kostenrechnerischen Korrekturen aufstellen.	Kapitel 2.2	S. 26ff., Nr. 1–2 S. 32ff., Nr. 3–6 S. 39ff., Nr. 4–7	
die Wirtschaftlichkeit des Betriebs bestimmen.	Kapitel 2	S. 20, Nr. 4	
eigene Ergänzungen			

Wissen   Fertigkeiten   Sozialkompetenz   Selbstständigkeit

3 Vollkostenrechnung: der Betriebsabrechnungsbogen (BAB)

3.1 Das Problem der Zuordnung von Kosten

▶ **Fallsituation:** **Wie stark belasten die Kosten die einzelnen Erzeugnisse?**

Ein Zeitungsartikel löst in der BüKo OHG heftige Diskussionen aus. Herr Budtke, Herr Nolte, Carina Crämer, die Auszubildende des Unternehmens, und Frau Straub, die Leiterin des Rechnungswesens, diskutieren über die Informationen des Artikels.

Branchen-News: Konkurrenz auf dem Markt für Büromöbel

Das Kölner Traditionsunternehmen BüKo OHG sieht sich einem vermehrten Wettbewerb ausgesetzt und kann laut Insiderberichten die geplanten Preiserhöhungen nicht durchsetzen. Sowohl das Unternehmen FIT als auch der Büromöbelhersteller INNOVATIV haben sich entschlossen, ergonomische Seminarstühle herzustellen und zu einem sehr günstigen Preis zu vertreiben. BÜRO-AKTUELL, die Fachzeitschrift für Büromöbel und Seminartechnik, hat recherchiert und eine kurze Meinungsumfrage bei den potenziellen Käufern der drei Wettbewerber durchgeführt.

Hier einige Auszüge:

- „Wir kaufen grundsätzlich die günstigsten Produkte, sonst kann man am Markt nicht bestehen."
- „Die Stühle von FIT und INNOVATIV entsprechen nicht der Qualität der BüKo OHG."
- „Wir warten erst einmal ab, wie sich der Markt entwickelt. Vielleicht gehen die Preise ja noch weiter herunter."
- „Konkurrenz belebt das Geschäft. Das kann für uns als Kunden nur vorteilhaft sein."
- „Wir waren immer sehr zufrieden mit den Stühlen der BüKo OHG. Warum sollen wir bei einem anderen Hersteller kaufen?"
- „Man kann gespannt sein, ob alle drei Firmen am Markt bestehen können."

Herr Budtke: Immer diese Konkurrenz. Sie macht uns das Leben schwer. Und dann noch dieser ständige Preiskampf. Wie sieht es eigentlich mit unserer Preiskalkulation aus? Sind wir da auf der sicheren Seite?

Immer diese Konkurrenz. ... und dann noch dieser ständige Preiskampf.

Herr Nolte: Durch ständige Kostenkontrolle haben wir unsere Preise stets niedrig halten können. Außerdem sind wir in der Lage, gute Qualität zu stabilen Preisen anzubieten, was unsere Kunden sehr zu schätzen wissen. Da wir jeden Monat unsere Kalkulation überprüfen, kann ich die neuesten Werte bis zum Monatsende vorlegen. Frau Straub wird mich dabei sicherlich tatkräftig unterstützen.

Frau Straub: Das sollte kein Problem sein. Schließlich werde ich durch unsere Auszubildende, Carina Crämer, unterstützt.

Nach Beendigung des kurzen Gesprächs unterhalten sich Frau Straub und Carina Crämer über die nächsten Schritte, die nun erforderlich sind.

Frau Straub: Hallo, Carina. Nachdem Sie sich nun mit der Erstellung der Ergebnistabelle vertraut gemacht haben, kann es weitergehen. Die Schwierigkeit in der von Herrn Budtke angesprochenen **Preiskalkulation** besteht darin, dass wir einen Verkaufspreis errechnen müssen, der zunächst einmal unsere Kosten deckt und natürlich auch noch einen Gewinn für uns abwirft. Allerdings muss es auch ein Preis sein, der für unsere Kunden akzeptabel und für eine gewisse Zeit sicher ist. Wir können schließlich nicht in jeder Woche neue Verkaufspreise herausgeben. Können Sie sich vorstellen, warum dies von besonderer Bedeutung sein kann?

▶ Preiskalkulation

Carina: Ich denke schon, dass ich Ihnen diese Frage beantworten kann.

Anwendungsaufgaben

1. Helfen Sie Carina bei der Beantwortung der von Frau Straub gestellten Frage: Erläutern Sie, warum es wichtig ist, dass ein Unternehmen langfristig gesehen Gewinne erwirtschaftet.

2. Nennen Sie außerdem Gründe, warum es ebenfalls wichtig ist, dass die Kunden der BüKo OHG akzeptable und auch langfristig gültige Einkaufspreise erhalten.

▶

▶

▶

▶

Mit dem Wissen um die Bedeutung der Preiskalkulation planen Carina Crämer und Frau Straub die Berechnungsgrundlagen.

▶ Selbstkosten

Frau Straub:	Wir wollen uns zunächst mit der Ermittlung unserer Selbstkosten beschäftigen. Bei den **Selbstkosten** handelt es sich um alle Kosten, die durch die betriebliche Leistungserstellung und -verwertung entstanden sind. In einem ersten Schritt ist es hierzu wichtig festzustellen, in welcher Höhe die verschiedenen Kosten anfallen, die letztlich in Summe zu den Selbstkosten führen.
Carina:	Kann man nicht einfach alle entstehenden Kosten addieren und dann durch die Anzahl der Produkte, die hergestellt werden, teilen?
Frau Straub:	Ganz so einfach ist es leider nicht. Aber Ihr Ansatz geht eigentlich schon in die richtige Richtung. Wir sollten auch hier zunächst wieder die Ausgangssituation vereinfachen.
Carina:	Ich verstehe, der Ansatz, den auch die Volkswirtschaftslehre verfolgt.
Frau Straub:	Genau! Stellen wir uns vor, unser Unternehmen würde nur ein einziges Produkt, den Seminarstuhl „Ergo Klapp®", herstellen. In diesem Fall würde Ihr Vorschlag einigermaßen gut funktionieren.
Carina:	Warum nur „einigermaßen"?

- -

Fortsetzung der Anwendungsaufgaben

3. Erläutern Sie, welche Gründe es gibt, dass die vereinfachte Rechenregel, „alle Kosten durch die Anzahl der Stühle zu teilen", nur eingeschränkt angewendet werden kann.

_____

_____

_____

_____

_____

_____

_____

_____

_____

4. Nennen Sie drei Arten von Unternehmen, die in der Realität wirklich nur ein einziges Gut herstellen.

▶ _____

▶ _____

▶ _____

Im ersten Schritt will Frau Straub die notwendigen Bestandteile der Selbstkostenkalkulation klären.

Frau Straub: Die BüKo OHG stellt verschiedene Modelle von Stühlen, Bürotischen und Konferenztechnik her. Die Produkte sind in ihren Ausführungen also recht unterschiedlich. Sogar die Stühle weisen in der Regel wesentliche Unterschiede auf, die bei der Selbstkostenkalkulation berücksichtigt werden müssen.

Carina: Sie meinen zum Beispiel, dass die Sitzflächen eine unterschiedliche Stoffqualität aufweisen oder das eingesetzte Holz in unterschiedlichen Mengen – je nach Ausführung des Artikels – verarbeitet wird?

Frau Straub: Dies sind sicherlich erste wichtige Merkmale. Aber auch bei den Lohnkosten und dem Einsatz von Maschinen fallen unterschiedliche Beträge an. Mancher Artikel bedarf nur einer kleinen manuellen Bearbeitung von Hand, dafür ist hier der Anteil der Maschinennutzung intensiver. Andere Artikel wiederum weisen starke Lohnkosten auf, weil beispielsweise die Oberflächen von Stühlen oder Tischen noch einmal nachgearbeitet werden müssen.

Carina: Okay, soweit ist dies nachvollziehbar. Aber wie lassen sich diese unterschiedlichen Kosten denn in der Kalkulation der Selbstkosten berücksichtigen?

Frau Straub: Hierzu existieren in jedem Unternehmen verschiedene Unterlagen, mit denen es möglich ist, Kosten einem Erzeugnis direkt zuzuordnen. Bitte merken Sie sich schon einmal an dieser Stelle: Kosten, die einem Produkt direkt zugeordnet werden können, werden als **Einzelkosten** bezeichnet.

▶ Einzelkosten

Carina: Dies bedeutet also, dass es auch Kosten gibt, die sich einem Produkt nicht direkt zuordnen lassen?

Frau Straub: Ja, so ist es. Immer dann, wenn wir es mit Kosten zu tun haben, die sich einem Produkt nicht oder nur sehr schwer zurechnen lassen, sprechen wir von **Gemeinkosten**.

▶ Gemeinkosten

Fortsetzung der Anwendungsaufgaben

5. Helfen Sie der Auszubildenden Carina, indem Sie notieren, welche Kostenbestandteile sich hinter dem Begriff der Einzelkosten verbergen und aus welchen betrieblichen Unterlagen heraus diese Informationen bereitgestellt werden können.

▶ _____

_____

▶ _____

_____

▶ _____

_____

6. Frau Straub hat im obigen Gespräch auch den Begriff der Gemeinkosten angesprochen. Finden Sie Beispiele für Kosten, die sich einem Erzeugnis nicht oder nur sehr schwer zurechnen lassen. Notieren Sie diese Gemeinkostenarten in der linken Spalte („Gemeinkosten") der folgenden Tabelle. Die rechte Spalte („Verteilungsmöglichkeiten") werden Sie erst im nächsten Kapitel benötigen und dann vervollständigen.

Gemeinkostenart	Verteilungsmöglichkeiten

3.2 Der Aufbau der Zuschlagskalkulation mithilfe der Kostenstellenrechnung

▶ **Fallsituation:** **Selbstkosten für unterschiedliche Produkte**

Nach ersten Berechnungen legt Frau Straub eine vollständige Selbstkostenkalkulation für einen Seminarstuhl und einen Bürotisch vor.

Die Selbstkostenkalkulation einzelner Erzeugnisse, durchgeführt mithilfe der Zuschlagskalkulation		Kostenträger	
	Zuschlag in %	Seminarstuhl EUR	Bürotisch EUR
Fertigungsmaterial (Materialeinzelkosten)		150,00	80,00
+ Materialgemeinkosten (MGK)	12,00 %	18,00	9,60
= **Materialkosten**		168,00	89,60
Fertigungslöhne (Fertigungseinzelkosten)		160,00	192,00
+ Fertigungsgemeinkosten (FGK)	45,00 %	72,00	86,40
= **Fertigungskosten**		232,00	278,40
= **Herstellkosten des Erzeugnisses**		400,00	368,00
+ Verwaltungsgemeinkosten (VwGK)	6,50 %	26,00	23,92
+ Vertriebsgemeinkosten (VtGK)	7,00 %	28,00	25,76
= **Selbstkosten des Erzeugnisses**		**454,00**	**417,68**

Carina: Hallo, Frau Straub. Das von Ihnen gezeigte Kalkulationsschema ist für mich leider noch nicht ganz verständlich. Das größte Problem bereitet mir die Tatsache, dass Gemeinkosten nicht unmittelbar einem Produkt, d. h. einem Kostenträger, zugerechnet werden können, obwohl dies laut Ihrer Aussage unbedingt erforderlich ist. Und nun sehe ich in Ihrem Kalkulationsschema, dass Sie immer dann, wenn von Gemeinkosten die Rede ist, mit prozentualen Zuschlägen arbeiten.

Frau Straub: Die Seminarstühle und Tische nehmen die Leistungen der einzelnen Abteilungen, die sie bis zur Fertigstellung durchlaufen, unterschiedlich in Anspruch. Verfolgen wir dies am Beispiel der Fertigung: Unsere Tische verfügen über aufwendige Tischbeine und Querstreben zur Stabilisierung, die Seminarstühle haben zum Teil aufwendige Sitzflächen und Rückenlehnen. Die Fertigung dieser Teile erfolgt heute nicht mehr ausschließlich in Handarbeit – da wäre unser Problem nicht vorhanden, denn Fertigungslöhne sind ja Einzelkosten –, sondern überwiegend durch Maschinen. Die sehr unterschiedliche Inanspruchnahme der Maschinen führt zu unterschiedlichen Gemeinkosten je Produkt: Hilfsstoffe, Betriebsstoffe, Abschreibungen, Instandhaltung u. v. m.!

Diese Gemeinkosten den Erzeugnissen exakt zuzurechnen ist entweder technisch nicht durchführbar oder aber dermaßen umständlich und zeitaufwendig, dass wir darauf verzichten. Wir müssen also nach einem Verfahren suchen, mit dem wir alle Gemeinkosten den Produkten **verursachungsgemäß zuordnen** können. Dieses Ziel lässt sich mit der sogenannten **Zuschlagskalkulation** erreichen. Dabei unterstellen wir, dass die ermittelten Einzelkosten, also das Fertigungsmaterial und

▶ Zuschlagskalkulation

	auch die Fertigungslöhne, zusätzlich Gemeinkosten verursachen. Dieses Verfahren ist zwar nicht zu 100 % genau und hat sicherlich auch kleinere Defizite, doch hat die Erfahrung gezeigt, dass ein Unternehmen mit dieser Art von Kalkulation einen guten Überblick über die Kosten einzelner Erzeugnisse bekommt.
Carina:	Aber wir haben doch bereits festgestellt, dass es wichtig ist, langfristig zuverlässige Kalkulationen zu erstellen. Dies vor dem Hintergrund, dass wir auf der einen Seite die eigenen Kosten im Blick haben, auf der anderen Seite aber auch, um unseren Kunden zuverlässige und sichere Preise geben zu können. Ich verstehe leider noch immer nicht, woher diese Zuschläge für Gemeinkosten kommen.
Frau Straub:	Wir ermitteln diese Zuschläge aus Erfahrungswerten der letzten Monate oder zum Teil auch Jahre. Diese Erfahrungswerte sind letztlich Durchschnittswerte, die wir erhalten, indem wir regelmäßig feststellen, in welcher Höhe Gemeinkosten entstanden sind (Istwerte) und in welchem prozentualen Verhältnis diese zu den Einzelkosten stehen. Hierzu existiert ein **Instrument**, das auf der Ihnen bekannten Ergebnistabelle aufbaut. Dieses Hilfsmittel trägt die Bezeichnung **Betriebsabrechnungsbogen (BAB)**. Doch bevor wir uns gezielt mit diesem Instrument beschäftigen, wollen wir erst einmal klären, wie genau diese Zuschlagssätze für Gemeinkosten entstehen.

Anwendungsaufgaben

1. Helfen Sie der Auszubildenden Carina Crämer bei der Beantwortung der Frage, wie Zuschlagssätze für Gemeinkosten entstehen.

   Informieren Sie sich zunächst in der nachfolgenden Info-Box über die Aufteilung eines Betriebs in die sogenannten Kostenstellen.

2. Im Schritt 1 der Info-Box ist erwähnt, dass Kostenstellen in jedem Fall klare und abgrenzbare Verantwortungsbereiche sein sollen.

   a) Carina Crämer stellt sich die Frage, wie sich dies in der Praxis organisatorisch darstellen lässt. Helfen Sie ihr bei der Beantwortung dieser Frage.

   _____

   _____

   _____

   _____

   _____

   _____

   _____

   _____

   _____

   _____

b) Um die Gemeinkosten verursachungsgemäß aufzuteilen, werden die Kostenverursachungsbereiche häufig nach Funktionen gegliedert. Listen Sie für diese Kostenstellen typische Tätigkeiten auf.

Material	Fertigung	Verwaltung	Vertrieb

3. In der Anwendungsaufgabe 6 des vorherigen Kapitels (3.1, S. 48) haben Sie eine Tabelle erstellt, in der Sie verschiedene Gemeinkosten aufgelistet haben. Im Schritt 2 der nachfolgenden Info-Box finden Sie Hinweise, dass sich diese Gemeinkosten entweder recht einfach mithilfe von Belegen auf die vier verschiedenen Kostenstellen verteilen lassen oder aber ein Verteilungsschlüssel erforderlich ist.

Notieren Sie nun in der rechten Spalte, mit welchen Hilfsmitteln oder Verteilungsschlüsseln sich die von Ihnen notierten Gemeinkosten auf die Kostenstellen verteilen lassen.

INFO-BOX

Verursachungsgerechte Zuordnung von Gemeinkosten

Im vorherigen Kapitel haben Sie in einer der Anwendungsaufgaben bereits verschiedene Arten von Gemeinkosten erarbeitet. Das zu Beginn dieses Kapitels abgebildete Schema der Zuschlagskalkulation zeigt, dass die Gemeinkosten mithilfe von prozentualen Zuschlägen den Erzeugnissen zugerechnet werden. Wir nähern uns nun der Ermittlung dieser Zuschlagssätze, indem wir uns die Thematik schrittweise ansehen.

Beachten Sie:

Gemeinkosten sind «gemein», weil man sie nicht einfach den Kostenträgern (den Endprodukten bzw. Erzeugnissen) zuordnen kann!

1. Schritt: Gliederung des Betriebs in Kostenstellen

Wir müssen uns zunächst die Frage stellen, **wo** genau **im Betrieb (Kostenverursachungsbereiche)** die Kosten entstehen. Somit können wir u. a. ▶ Kostenstellen feststellen, ob ein Bereich wirtschaftlich arbeitet. Hierzu existieren verschiedene Möglichkeiten. Wir wollen jedoch die am häufigsten gewählte Methode verwenden, die **Gliederung nach Funktionen**.

Hierbei unterscheiden wir folgende vier Bereiche (Kostenstellen):

- **Material:** Hierzu gehören alle Abteilungen, die sich mit Beschaffung, Annahme und Lagerung aller Materialien befassen.
- **Fertigung:** Dieser Bereich umfasst die Vorbereitung, Durchführung (Montage, technische Betriebsleitung) und Kontrolle der Fertigung.

- **Verwaltung**: Hierzu rechnet man u. a. die kaufmännische Leitung, das Rechnungswesen und die Personalverwaltung.
- **Vertrieb**: Darunter lassen sich Werbung, Lager für die fertigen Erzeugnisse, Verkauf und Versand zusammenfassen.

Diese Gliederung orientiert sich an den betrieblichen Grundfunktionen eines Unternehmens: Beschaffung und Lagerung von Materialien, Fertigung der Erzeugnisse, Verwaltung des gesamten Unternehmens und Absatz der fertigen Erzeugnisse. Wichtig ist, dass Kostenstellen auf jeden Fall klare und abgrenzbare Verantwortungsbereiche sein müssen. Nur wenn sich die Gemeinkosten innerhalb dieser Verantwortungsbereiche beeinflussen lassen, sind eine Kontrolle der wirtschaftlichen Arbeitsweise und somit auch eine gezielte Steuerung der Kosten möglich.

2. Schritt: Verteilung der Gemeinkosten auf die Kostenstellen

Nachdem die Kostenstellen im Unternehmen bestimmt sind, stellt sich die Frage der Darstellung dieser Kostenstellen unter Einbeziehung der bereits erwähnten Gemeinkosten. Diese Darstellung erfolgt in Tabellenform, die als **Betriebsabrechnungsbogen (BAB)** bezeichnet wird. Die detaillierte Handhabung des Betriebsabrechnungs- ▶ Gemeinkosten

bogens wird Thema des nachfolgenden Kapitels sein. Wir wollen uns an dieser Stelle jedoch bereits die Frage stellen, wie denn die Verteilung der Gemeinkosten auf die genannten Kostenstellen praktisch umgesetzt werden kann.

Für einige Gemeinkosten ist die Verteilung auf die Kostenstellen nicht schwierig: Belege geben genau Auskunft darüber, dass beispielsweise Hilfsstoffe in der Kostenstelle Fertigung verbraucht wurden. Andere Belege verzeichnen, welche Kostenstelle z. B. Reparaturkosten verursachte. Hierfür liegen in der Regel Belege (Eingangsrechnungen, Materialentnahmescheine o. Ä.) vor, mit denen eine Zuordnung möglich ist. Diese nennt man **direkt zurechenbare Gemeinkosten (Kostenstelleneinzelkosten)**.

▶ direkt zurechenbare Gemeinkosten/ Kostenstelleneinzelkosten

Andere Gemeinkosten wiederum muss man allerdings über Verteilungsschlüssel auf die Kostenstellen umlegen. Dies gilt beispielsweise für Abschreibungen, Heizkosten oder den Stromverbrauch. Diese nennt man **indirekt zurechenbare Gemeinkosten (Kostenstellengemeinkosten)**.

▶ indirekt zurechenbare Gemeinkosten/ Kostenstellengemeinkosten

Beispiel:

Ohne an dieser Stelle bereits zu weit vorgreifen zu wollen, lässt sich die Verteilung der Gemeinkosten auf die vier Kostenstellen am **Beispiel der Fremdinstandhaltung** wie folgt darstellen. Die Verteilung erfolgte auf Grundlage von Eingangsrechnungen, die den jeweiligen Kostenstellen zugeordnet werden konnten.

Gemeinkostenart	Gesamtbetrag in EUR	Kostenstellen			
		Material EUR	Fertigung EUR	Verwaltung EUR	Vertrieb EUR
Fremdinstandhaltung	10.000,00	2.000,00	6.000,00	500,00	1.500,00
usw.					

Sind die Gemeinkosten vollständig auf die o. g. vier Kostenstellen verteilt, lässt sich für jede dieser Kostenstellen ein **Zuschlagssatz** ermitteln. Dies geschieht in der Form, dass die jeweilige Gemeinkostensumme einer Kostenstelle in das Verhältnis zu einer sogenannten Zuschlagsgrundlage gesetzt wird.

3.3 Ermittlung der Gemeinkostenzuschlagssätze und der gesamten Selbstkosten auf Basis von Istwerten

▶ **Fallsituation:** **Welche Gemeinkostenzuschlagssätze sind tatsächlich angefallen?**

Nachdem geklärt ist, welche Kostenstellen in der BüKo OHG geführt werden und wie sich die Gemeinkosten auf diese vier Kostenstellen verteilen lassen, hat Frau Straub den nächsten Arbeitsauftrag vorbereitet.

Carina: Hallo, Frau Straub. Ich habe erfahren, dass der Betriebsabrechnungsbogen (BAB) in Tabellenform dargestellt wird. Nun würde ich gerne erfahren, wie genau dieser BAB in der Realität aussieht und welche Rechenverfahren ich in diesem Zusammenhang beherrschen soll.

Frau Straub: Okay, fangen wir an. Ich habe Ihnen die Ergebnistabelle des letzten Monats mitgebracht. Für unser heutiges Treffen habe ich diese Ergebnistabelle ein wenig mit Farbe aufgefrischt. Sie kennen ja nun den Unterschied zwischen Einzelkosten und Gemeinkosten.

Carina: Ja, der Unterschied ist mir durchaus noch bewusst. Und ich kann mich auch erinnern, dass ein Zusammenhang zwischen der Ergebnistabelle und dem BAB besteht. Nun bin ich gespannt, wie dieser Zusammenhang in der Realität wirklich aussieht.

Frau Straub: Für die Erstellung eines Betriebsabrechnungsbogens beschränken wir uns auf die **Spalte 7** der Ergebnistabelle, die Kostenspalte. Ich habe die Farben **Rot** und **Blau** verwendet. Haben Sie eine Idee, aus welchem Grund ich die verschiedenen Positionen farblich markiert habe?

Ergebnistabelle für den Monat November 20..								
	Rechnungskreis I				Rechnungskreis II			
	Gesamtergebnis-Rechnung der Finanzbuchhaltung		unternehmensbezogene Abgrenzungen		betriebsbezogene Abgrenzungen		Kosten- und Leistungsbereich	
	1	2	3	4	5	6	7	8
Z.	Konto	Aufwendungen	Erträge	Aufwendungen	Erträge	Aufwendungen	Erträge	Kosten	Leistungen
1	5000 Umsatzerl. f. eig. Erz.		140.000,00						140.000,00
2	5200 Bestandsveränd.		4.000,00						4.000,00
3	5710 Zinserträge		250,00		250,00				
4	6000 Aufw. f. Rohstoffe	28.500,00				28.500,00	32.000,00	32.000,00	
5	6020 Aufw. f. Hilfsstoffe	3.800,00						3.800,00	
6	6050 Aufw. f. Energie	1.400,00						1.400,00	
7	6160 Fremdinstandhaltung	2.200,00						2.200,00	
8	6200 Löhne	40.000,00						40.000,00	
9	6300 Gehälter	12.000,00						12.000,00	
10	6520 Abschr. a. Sachanlagen	2.500,00				2.500,00	3.500,00	3.500,00	
11	6700 Mietaufwand	500,00				500,00	800,00	800,00	
12	6800 Büromaterial	400,00						400,00	
13	7000 Betriebliche Steuern	1.500,00						1.500,00	
14	7510 Zinsaufwand	1.600,00				1.600,00	3.000,00	3.000,00	
15	Kalk. Unternehmerlohn						4.000,00	4.000,00	
16	**Summen**	94.400,00	144.250,00	0,00	250,00	33.100,00	43.300,00	104.600,00	144.000,00
17	**Salden**	49.850,00			250,00	10.200,00		39.400,00	
18	**Gesamtsummen**	144.250,00	144.250,00	250,00	250,00	43.300,00	43.300,00	144.000,0	144.000,00
		Gesamtergebnis		Ergebnis aus unternehmensbezogenen Abgrenzungen		Ergebnis aus betriebsbezogenen Abgrenzungen		**Betriebsergebnis**	
					neutrales Ergebnis				

Fortsetzung des Gesprächs:

Carina: In der Farbe **Rot** sind die Positionen „Aufwendungen für Rohstoffe" und „Fertigungslöhne" markiert. Wenn ich mich nun richtig erinnere, dann sind dies doch in beiden Fällen die **Einzelkosten**, oder?

Frau Straub: Genauso ist es. Und die in der Farbe **Blau** markierten Positionen stellen die **Gemeinkosten** dar. Lassen Sie uns den nächsten Schritt gehen. Wir schauen uns nun an, wie sich aus der oben genannten Ergebnistabelle ein Betriebsabrechnungsbogen erstellen lässt. Dieser erhält folgendes Aussehen:

▶ Betriebsabrechnungsbogen (BAB)

				Kostenstellen			
Betriebsabrechnungsbogen (BAB) für den Monat November 20..							
Z.	Gemeinkostenart	Gesamtbetrag EUR (aus Ergebnistabelle, Spalte 7)	Verteilung nach	Material	Fertigung	Verwaltung	Vertrieb
1	6020 Aufw. f. Hilfsstoffe	3.800,00	Entnahmescheinen	0,00	3.800,00	0,00	0,00
2	6050 Aufw. f. Energie	1.400,00	Verbrauch	1400 kWh	7000 kWh	600 kWh	1000 kWh
3	6160 Fremdinstandhaltung	2.200,00	Rechnungen	300,00	1.600,00	100,00	200,00
4	6300 Gehälter	12.000,00	Gehaltslisten	1.500,00	3.000,00	5.000,00	2.500,00
5	6520 Abschreibungen	3.500,00	Anlagewerten	25.200,00	176.400,00	37.800,00	12.600,00
6	6700 Mietaufwand	800,00	genutzter Fläche (m²)	500 m²	3500 m²	250 m²	750 m²
7	6800 Büromaterial	400,00	Rechnungen	60,00	80,00	140,00	120,00
8	7000 Betriebliche Steuern	1.500,00	Anteilen	2 Teile	1 Teil	1 Teil	2 Teile
9	7510 Zinsaufwand	3.000,00	Kapitaleinsatz	10 %	70 %	15 %	5 %
10	Kalk. Unternehmerlohn	4.000,00	Erfahrung	30 %	30 %	15 %	25 %
11	Summen: (d. h. Istgemeinkosten)	32.600,00		?	?	?	?
12	Zuschlagsgrundlagen:			?	?	?	?
13	Istzuschlagssätze:			?	?	?	?

Fortsetzung des Gesprächs:

Carina: Ich sehe den Zusammenhang. Aus der Ergebnistabelle wurden tatsächlich nur die Gemeinkosten in den BAB übertragen.

Aber: Dieser BAB scheint noch nicht vollständig zu sein. An verschiedenen Stellen sehe ich Eintragungen in einer blauen Schrift, die zum Teil nicht in der Einheit EUR geführt werden. Da ist sicherlich noch etwas zu tun.

Frau Straub: Einige Beträge aus der Ergebnistabelle sind bereits korrekt verteilt. Wir müssen zunächst die von Ihnen erkannten Stellen bearbeiten und die noch fehlende Verteilung der Euro-Werte aus der Ergebnistabelle vornehmen.

Anschließend bearbeiten wir die zahlreichen Fragezeichen, die sich noch im BAB befinden. Dazu müssen wir die Gemeinkostensummen der jeweiligen Kostenstellen ermitteln, anschließend überlegen, welche Zuschlagsgrundlagen erforderlich sind und daraus wiederum die Istzuschlagssätze berechnen.

Carina: Erhalten wir mit diesen Istzuschlagssätzen denn bereits die prozentualen Zuschläge, mit denen wir die verlässlichen Selbstkosten (vgl. Selbstkostenkalkulation zu Beginn des Kapitels 3.2) berechnet haben?

Frau Straub: Nein, noch nicht. Sie erinnern sich an eines unserer letzten Gespräche? Die für uns verlässlichen – oder besser – „normalen" Selbstkosten erhalten wir nur dann, wenn wir für die Zuschlagssätze Durchschnittswerte der vergangenen Monate heranziehen. Wir schauen uns nun an, auf welchem Wege diese Zuschlagssätze entstehen.

> Vergleichen Sie die Positionen der Ergebnistabelle mit denen des BAB. Es werden NUR die GEMEINKOSTEN in den BAB übertragen!

Anwendungsaufgaben

1. Der Betriebsabrechnungsbogen (BAB) stellt nach der Ergebnistabelle den zweiten Baustein der Kosten- und Leistungsrechnung dar. Zunächst erhalten Sie Informationen über die Bedeutung des Betriebsabrechnungsbogens. Lesen Sie daher diese Informationen in der nachfolgenden Info-Box (siehe S. 58f.).

2. Versuchen Sie sich an der Erstellung Ihres ersten Betriebsabrechnungsbogens (siehe S. 57) unter Beachtung der folgenden Teilaufgaben:

   a) Carina Crämer hat erkannt, dass einige Gemeinkosten noch nicht vollständig auf die Kostenstellen verteilt wurden. Verteilen Sie zunächst diese Gemeinkosten auf die 4 genannten Kostenstellen und bilden Sie anschließend die Gemeinkostensummen der jeweiligen Kostenstellen. Berücksichtigen Sie hierzu auch die folgenden Erläuterungen von Frau Straub.

Bearbeitungshinweise durch Frau Straub zur Anwendungsaufgabe 2 a):

Bei der Position **„6050 Aufwendungen für Energie"** erkennen Sie, dass der Gesamtbetrag in Höhe von 1.400,00 EUR nach Verbrauchswerten verteilt werden soll. Diese Verbrauchswerte sind für die jeweiligen Kostenstellen in kWh angegeben.

Tipp: Addieren Sie die Verbrauchswerte der vier Kostenstellen und stellen Sie sich die Frage, wie viel EUR Sie für eine Einheit (hier kWh) ansetzen müssen, wenn der gesamte Verbrauch mit 1.400,00 EUR zu Buche schlägt.

Die Position **„6520 Abschreibungen"** ist mit einem Gesamtbetrag in Höhe von 3.500,00 EUR angesetzt und soll nach Anlagewerten verteilt werden. Diese Anlagewerte sind für jede Kostenstelle angegeben und sollen den Wert des jeweils dort befindlichen Sachanlagevermögens darstellen.

Tipp: Addieren Sie die Anlagewerte und stellen Sie sich die Frage, wie groß der prozentuale Anteil des Sachanlagevermögens jeder Kostenstelle an den gesamten Anlagewerten ist. Mit jeweils diesem prozentualen Anteil bestimmen Sie anschließend den Betrag der Abschreibung je Kostenstelle.

Bei der Position **„6700 Mietaufwand"** können Sie einem der beiden vorangestellten Tipps folgen. Beide Verfahren führen zum identischen Ergebnis.

Die Position **„7000 Betriebliche Steuern"** soll sich auf der Grundlage von Anteilen auf die vier Kostenstellen verteilen.

Tipp: Addieren Sie die genannten Teile und stellen Sie sich die Frage, welchen Wert in Euro Sie einem Teil zuweisen wollen, wenn der gesamte Betrag der betrieblichen Steuern 1.500,00 EUR beträgt.

Die Verteilung der Positionen **„7510 Zinsaufwand"** und **„Kalkulatorischer Unternehmerlohn"** sollte Ihnen aufgrund der gegebenen Prozentwerte keine Probleme bereiten.

Nachdem alle Gemeinkosten auf die vier Kostenstellen verteilt worden sind, können Sie die **Summen der Gemeinkosten** je Kostenstelle ermitteln.

   b) Tragen Sie anschließend in die Zuschlagsgrundlagen der jeweiligen Gemeinkosten ein, ermitteln Sie die vier Gemeinkostenzuschlagssätze sowie die Selbstkosten des Umsatzes .

   Beachten Sie dabei die zusätzlichen Bearbeitungshinweise von Frau Straub auf der Folgeseite.

Bearbeitungshinweise durch Frau Straub zur Anwendungsaufgabe 2b):

Der **Materialgemeinkostenzuschlagssatz** wird ermittelt, indem die Materialgemeinkosten in ein Verhältnis zum benötigten Fertigungsmaterial gesetzt werden. Konkret bedeutet dies, dass der in der Kostenrechnung angesetzte Verbrauch von Rohstoffen im Wert von 32.000,00 EUR noch einmal Materialgemeinkosten in Höhe der von Ihnen ermittelten Summe erbracht hat. Folglich können Sie mit der genannten Berechnungsformel den Zuschlagssatz für die Materialgemeinkosten in Prozent ermitteln.

Der **Fertigungsgemeinkostenzuschlagssatz** lässt sich in übertragener Form bestimmen, wenn Sie als Zuschlagsgrundlage die Fertigungslöhne heranziehen.

Etwas komplizierter verhält es sich bei der Ermittlung der **Zuschlagssätze für Verwaltung und für Vertrieb**. Sie erkennen, dass diese beiden Gemeinkostensummen nur einer Zuschlagsgrundlage zugeordnet sind: den Herstellkosten des Umsatzes. Zur Berechnung dieser Zuschlagsgrundlage benötigen wir das Schema der Zuschlagskalkulation (siehe S. 58). Tragen Sie hier zunächst die Werte für Material und Fertigung ein. Addieren Sie anschließend diese Werte, so erhalten Sie die Herstellkosten der Erzeugung (nicht zu verwechseln mit den Herstellkosten des Umsatzes).

> ⚠ Die Herstellkosten der Erzeugung umfassen die Material- und Fertigungskosten für alle fertigen und unfertigen Erzeugnisse, die in der Rechnungsperiode die Fertigung durchlaufen haben. ⚠

Wir setzen die Kalkulation fort. Sie erinnern sich noch daran, dass Bestandsveränderungen Auswirkungen auf den Erfolg unseres Unternehmens haben. Ähnlich ist es auch in diesem Fall: Die **Herstellkosten der Erzeugung** umfassen Material- und Fertigungskosten für alle unfertigen und fertigen Erzeugnisse, die in einer Rechnungsperiode die Fertigung durchlaufen haben. Bei der Berechnung der **Herstellkosten des Umsatzes** müssen wir (per Definition) beachten, dass Verwaltungs- und Vertriebskosten nur für die verkauften Erzeugnisse anfallen. Begründet wird dies damit, dass bei Absatzrückgang im Vertriebsbereich z. B. die Kosten für Verpackung und Versand zurückgehen und im Verwaltungsbereich z. B. die Kosten für Rechnungserstellung sinken.

Die Folge:

Haben wir es mit **Bestandsmehrungen** zu tun, so bedeutet dies, dass wir mehr Erzeugnisse hergestellt als verkauft haben. Um die Herstellkosten des Umsatzes zu berechnen, müssen Bestandsmehrungen folglich abgezogen werden.

Treten hingegen **Bestandsminderungen** auf, so haben wir mehr Erzeugnisse verkauft, als wir hergestellt haben, d. h., um alle Aufträge erfüllen zu können, haben wir auf die Lagerbestände der letzten Rechnungsperiode zurückgegriffen. Um die Herstellkosten des Umsatzes zu berechnen, müssen Bestandsminderungen also hinzugerechnet werden.

Ein Blick in die Ergebnistabelle (siehe S. 53) zeigt, dass eine Bestandsveränderung in Form einer Bestandsmehrung über 4.000,00 EUR vorliegt.

> ⚠ Die Herstellkosten des Umsatzes umfassen die Material- und Fertigungskosten der fertigen Erzeugnisse, die in der Rechnungsperiode verkauft wurden. ⚠

An dieser Stelle sind die geforderten vier Gemeinkostenzuschlagssätze zu berechnen. Addieren Sie zu den Herstellkosten des Umsatzes noch die Verwaltungs- und die Vertriebsgemeinkosten, so erhalten Sie als Ergebnis die erzielten Selbstkosten der Abrechnungsperiode. Es handelt sich hierbei um die tatsächlich erzielten Selbstkosten (Istwerte).

M1

Betriebsabrechnungsbogen (BAB) für den Monat November 20..

Z.	Gemeinkostenart	Gesamt- betrag EUR (aus Ergeb- nistabelle, Spalte 7)	Verteilung nach	Kostenstellen			
				Material EUR	Fertigung EUR	Verwaltung EUR	Vertrieb EUR
1	6020 Aufw. f. Hilfsstoffe	3.800,00	Entnahmescheinen	0,00	3.800,00	0,00	0,00
2	6050 Aufw. f. Energie	1.400,00	Verbrauch	195,-	980,-	84,-	140,-
3	6160 Fremdinstand.	2.200,00	Rechnungen	300,00	1.600,00	100,00	200,00
4	6300 Gehälter	12.000,00	Gehaltslisten	1.500,00	3.000,00	5.000,00	2.500,00
5	6520 Abschreibungen	3.500,00	Anlagewerten	350,-	2.450,-	525	175
6	6700 Mietaufwand	800,00	genutzter Fläche (m²)	80	560	40	170
7	6800 Büromaterial	400,00	Rechnungen	60,00	80,00	140,00	120,00
8	7000 Betriebl. Steuern	1.500,00	Anteilen	500	250	250	500
9	7510 Zinsaufwand	3.000,00	Kapitaleinsatz	300	2100	450	150
10	Kalk. Unternehmerlohn	4.000,00	Erfahrung	1200	1200	600	1000
11	Summen: (d.h. Istgemeinkosten)	32.600,00		4485	16020	7.189	4905,-
12	Zuschlagsgrundlagen:			32.000 MEM	40.000 FEL	HGHDU 78.500	88.500
13	Istzuschlagssätze:			14,02	40,05	9,16 / 8,12	6,25 / 5,54

M2

Ermittlung der Gemeinkostenzuschlagssätze

Zuschlagssatz	Berechnung	Ergebnis
Materialgemein- kostenzuschlagssatz (MGK)	$= \dfrac{\text{Materialgemeinkosten} \cdot 100}{\text{Materialeinzelkosten (Fertigungsmaterial)}}$	14,05
Fertigungsgemein- kostenzuschlagssatz (FGK)	$= \dfrac{\text{Fertigungsgemeinkosten} \cdot 100}{\text{Fertigungseinzelkosten (Fertigungslöhne)}}$	40,05
Verwaltungsgemein- kostenzuschlagssatz (VwGK)	$= \dfrac{\text{Verwaltungsgemeinkosten} \cdot 100}{\text{Herstellkosten des Umsatzes}}$	9,16 8,12
Vertriebsgemein- kostenzuschlagssatz (VtGK)	$= \dfrac{\text{Vertriebsgemeinkosten} \cdot 100}{\text{Herstellkosten des Umsatzes}}$	6,25 5,54

8 Goette u.a. - ISBN 978-3-8120-1032-0

Das Schema der Zuschlagskalkulation		
	Gesamt in EUR	Errechneter Zuschlag in %
Fertigungsmaterial (Materialeinzelkosten)	32.000,00	
+ Materialgemeinkosten (MGK)	4.486	14,05
= Materialkosten	36.486	
Fertigungslöhne (Fertigungseinzelkosten)	40.000,00	
+ Fertigungsgemeinkosten (FGK)	16.020	40,05
= Fertigungskosten	56.020	
= Herstellkosten der Erzeugung (HKE)	92.506,-	
− Mehrbestand an fertigen/unfertigen Erzeugnissen	4.000	
+ Minderbestand an fertigen/unfertigen Erzeugnissen		
= Herstellkosten des Umsatzes (HKU)	88.506,-	
+ Verwaltungsgemeinkosten (VwGK)	7.189,-	8,12
+ Vertriebsgemeinkosten (VtGK)	4.905,-	5,54
= Selbstkosten des Umsatzes	100.600,-	

INFO-BOX

Der Betriebsabrechnungsbogen (BAB)

Der Betriebsabrechnungsbogen erfüllt **zwei wichtige Aufgaben**:

► Betriebsabrechnungsbogen (BAB)

Zum einen ist er bedeutsam für die Selbstkostenkalkulation der fertigen Erzeugnisse, denn er liefert die für die Kalkulation wichtigen Zuschlagssätze für die Gemeinkosten. Hierzu werden aus den tatsächlich erzielten Gemeinkostenzuschlagssätzen (Istzuschlagssätze) verlässliche Durchschnittswerte gebildet.

Zum anderen ist er ein Kontrollinstrument, mit dem sich die Selbstkosten von verschiedenen Erzeugnissen, aber auch die gesamten Selbstkosten einer Abrechnungsperiode überprüfen lassen. Dies ist insbesondere dann wichtig, wenn von Monat zu Monat Veränderungen der Selbstkosten auftreten und nach den hierfür verantwortlichen Gründen geforscht werden muss.

Der Zusammenhang von Einzelkosten, Gemeinkosten und Zuschlagssätzen:

Einzelkosten können einem Erzeugnis (dem Kostenträger) direkt zugerechnet werden. **Gemeinkosten** können dem einzelnen Erzeugnis nicht direkt zugerechnet werden. Die Zurechnung erfolgt über einen **Zuschlagsatz in Prozent** (vgl. hierzu noch einmal das Schema der Zuschlagskalkulation zu Beginn des Kapitels 3.2). Dieser Zuschlagsatz lässt sich mithilfe des Betriebsabrechnungsbogens, der in der Regel monatlich aufgestellt wird, ermitteln.

► Einzelkosten
► Gemeinkosten

Hierzu werden zunächst die aus der Ergebnistabelle stammenden Gemeinkosten auf die vier Kostenstellen eines Unternehmens verteilt (vgl. Schritt 2 der Info-Box aus Kapitel 3.2). Anschließend werden für jede Kostenstelle die Summen der jeweiligen Gemeinkosten ermittelt. Um letztlich die geforderten Zuschlagssätze berechnen zu können, bedarf es der sogenannten Zuschlagsgrundlagen. Denn: Es wird unterstellt, dass zwischen den Gemeinkosten und der jeweiligen Zuschlagsgrundlage eine prozentuale Abhängigkeit existiert.

Der oben genannte Betriebsabrechnungsbogen aus dem Monat November verfügt über vier Kostenstellen, für die jeweils ein Zuschlagssatz berechnet werden soll. Aber: Diesen vier Kostenstellen stehen nur drei in Abhängigkeit stehende Zuschlagsgrundlagen zur Verfügung (vgl. die Zeilen 11 + 12 im BAB auf S. 54).

Somit ergeben sich die folgenden vier Formeln zur Berechnung der Zuschlagssätze:

Rechenformeln zur Ermittlung der Gemeinkostenzuschlagssätze		
Zuschlagssatz	**Berechnung**	**Bemerkung**
Materialgemeinkosten-zuschlagssatz (MGK)	$= \dfrac{\text{Materialgemeinkosten} \cdot 100}{\text{Materialeinzelkosten (Fertigungsmaterial)}}$	Es wird unterstellt, dass die Materialgemeinkosten durch den Verbrauch des Fertigungsmaterials verursacht werden.
Fertigungsgemeinkosten-zuschlagssatz (FGK)	$= \dfrac{\text{Fertigungsgemeinkosten} \cdot 100}{\text{Fertigungseinzelkosten (Fertigungslöhne)}}$	Da die Fertigungsgemeinkosten in Beziehung zu den Fertigungslöhnen gesetzt werden, wird auch hier eine Abhängigkeit der Gemeinkosten von den Einzelkosten unterstellt.
Verwaltungsgemeinkosten-zuschlagssatz (VwGK)	$= \dfrac{\text{Verwaltungsgemeinkosten} \cdot 100}{\text{Herstellkosten des Umsatzes}}$	Beide Zuschlagssätze haben eine gemeinsame Grundlage: Die Herstellkosten des Umsatzes. Diese sind korrigiert um die Bestandsveränderungen (+ Minderbestand und – Mehrbestand), da man davon ausgeht, dass nur für die verkauften Erzeugnisse die Verwaltungs- und Vertriebsgemeinkosten anfallen.
Vertriebsgemeinkosten-zuschlagssatz (VtGK)	$= \dfrac{\text{Vertriebsgemeinkosten} \cdot 100}{\text{Herstellkosten des Umsatzes}}$	

Grundsätzlich wird also eine proportionale Abhängigkeit der Gemeinkosten von der jeweiligen Zuschlagsgrundlage unterstellt. Dies ist zugleich der erste Kritikpunkt an der Zuschlagskalkulation. Ein Beispiel: Verdoppelt sich der Wert des Materialeinkaufs, so wird mit der o. g. Abhängigkeit unterstellt, dass sich auch die Gemeinkosten verdoppeln. Dies ist in der Realität jedoch nicht der Fall.

▶ Material-
gemeinkosten-
zuschlagssatz

▶ Fertigungs-
gemeinkosten-
zuschlagssatz

▶ Verwaltungs-
gemeinkosten-
zuschlagssatz

▶ Vertriebs-
gemeinkosten-
zuschlagssatz

Vertiefende Aufgaben

1. Es gibt vielfältige Möglichkeiten, die Gemeinkosten auf die Kostenstellen zu verteilen. Oft wird sogar mehr als eine Variante der Verteilung möglich und diskutierbar sein. Nennen Sie die verschiedenen Möglichkeiten einer Verteilung.

2. Zum Ende der aktuellen Rechnungsperiode März 20.. ermittelte die Öko-Tex GmbH aus der Spalte 7 der Ergebnistabelle die nachfolgenden Werte:

Kostenart	Kosten
Rohstoffverbrauch (Materialeinzelkosten)	1.970.000,00 EUR
Hilfsstoffverbrauch	238.000,00 EUR
Betriebsstoffverbrauch (Öle und Schmierstoffe)	30.000,00 EUR
Energieverbrauch (Stromkosten)	24.100,00 EUR
Fremdinstandhaltung	9.600,00 EUR
Löhne (Einzelkosten)	2.720.000,00 EUR
Hilfslöhne für die Arbeiter im Materialeingangslager, in der Fertigung und im Fertigwarenlager	5.200,00 EUR
Gehälter	660.000,00 EUR
Abschreibungen	1.224.400,00 EUR
Mietaufwand	6.080,00 EUR
Summe	**6.887.380,00 EUR**

Die Öko-Tex GmbH arbeitet mit vier Kostenstellen: Material, Fertigung, Verwaltung und Vertrieb. Die Verteilung der Gemeinkosten soll mithilfe der nachfolgenden Schlüsselungen erfolgen:

Gemeinkostenart	Verteilungs-grundlage	Kostenstellen			
		Material	**Fertigung**	**Verwaltung**	**Vertrieb**
6020 Aufwendungen für Hilfsstoffe	Ausschließlich in der Fertigung		100 %		
6030 Aufwendungen für Betriebsstoffe	Nach Anteilen	1	12	0	2
6050 Aufwendungen für Energie	Nach Verbrauch	72 Einheiten	156 Einheiten	10 Einheiten	3 Einheiten
6160 Fremdinstandhaltung	Erfahrungssatz	15 %	45 %	15 %	25 %
6200 Hilfslöhne	Nach Anzahl der Mitarbeiter	1	2	0	1
6300 Gehälter	Nach Arbeitsstunden	190	150	250	510
6520 Abschreibungen	Nach Anlagewerten	30 Mio. EUR	75 Mio. EUR	15 Mio. EUR	30 Mio. EUR
6700 Mietaufwand	Nach genutzter Fläche	120 m²	820 m²	150 m²	126 m²

Folgende Daten zu den Bestandsveränderungen liegen vor:
- Unfertige Erzeugnisse: Bestandsminderung in Höhe von 85.000,00 EUR
- Fertige Erzeugnisse: Bestandsmehrung in Höhe von 155.000,00 EUR

a) Erstellen Sie den BAB und ermitteln Sie die Gemeinkostenzuschlagssätze für die einzelnen Kostenstellen.

b) Ermitteln Sie die gesamten Selbstkosten des Umsatzes.

3. Zum Ende der anschließenden Rechnungsperiode April 20.. ermittelte die Öko-Tex GmbH die folgenden Kosten:

Betriebsabrechnungsbogen (BAB)						
Gemein-kostenart	Gesamt-betrag EUR (aus Ergeb-nistabelle, Spalte 7)	Verteilung nach	Kostenstellen			
			Material EUR	Fertigung EUR	Verwaltung EUR	Vertrieb EUR
Summen:	...	...	132.480,00	1.360.240,00	297.036,00	594.072,00

Die Materialeinzelkosten betragen: 2.208.000,00 EUR

Die Fertigungseinzelkosten betragen: 2.429.000,00 EUR

Insgesamt liegt eine Bestandsmehrung in Höhe von 189.000,00 EUR vor.

Ermitteln Sie

a) die Gemeinkostenzuschlagssätze für die einzelnen Kostenstellen

b) die gesamten Selbstkosten des Umsatzes.

3.4 Ermittlung der tatsächlichen Selbstkosten eines Erzeugnisses (Kostenträgers) auf Basis der zuvor ermittelten Istgemeinkostenzuschlagssätze

▶ **Fallsituation:** **Wie hoch waren die tatsächlichen Selbstkosten für die beiden Erzeugnisse Seminarstuhl und Bürotisch?**

Frau Straub und Carina Crämer treffen sich erneut, um die nächsten Schritte zu besprechen.

Carina: Hallo, Frau Straub. In den letzten Berechnungen habe ich die Istzuschlagssätze des aktuellen Monats November ermittelt. Wie geht es nun weiter?

Frau Straub: Wir haben ja nicht nur die Istzuschlagssätze ermittelt, sondern zeitgleich auch die tatsächlichen Selbstkosten/Istkosten des **kompletten Monats November**. Schauen wir uns an, wie sich die Selbstkosten/Istkosten **für unsere beiden Erzeugnisse**, den Seminarstuhl und den Bürotisch, berechnen lassen. Ich habe Ihnen noch einmal das Schema der Zuschlagskalkulation mitgebracht **M1** . Die Werte zur Ermittlung der gesamten Selbstkosten, die Sie im letzten Schritt berechnet haben, sind dort bereits eingetragen.

Anwendungsaufgabe

1. Helfen Sie Carina Crämer bei dieser Aufgabe und berechnen Sie mithilfe der zuvor ermittelten Istwerte die im Monat November tatsächlich entstandenen Selbstkosten für die beiden Erzeugnisse Seminarstuhl und Bürotisch. Beachten Sie auch die Hinweise in der Info-Box auf S. 62 f.

Zu berücksichtigende Istzuschlagssätze (aus dem letzten Kapitel)

▶ Materialgemeinkostenzuschlagssatz:	14,02 %
▶ Fertigungsgemeinkostenzuschlagssatz:	40,05 %
▶ Verwaltungsgemeinkostenzuschlagssatz:	8,12 %
▶ Vertriebsgemeinkostenzuschlagssatz:	5,54 %

Zu berücksichtigende Einzelkosten

▶ Materialeinzelkosten Seminarstuhl:	150,00 EUR
▶ Fertigungseinzelkosten Seminarstuhl:	160,00 EUR
▶ Materialeinzelkosten Bürotisch:	80,00 EUR
▶ Fertigungseinzelkosten Bürotisch:	192,00 EUR

M1

Das Schema der Zuschlagskalkulation				
	Gesamt in EUR	Errechneter Zuschlag in %	Kostenträger	
			Seminar-stuhl EUR	Bürotisch EUR
Fertigungsmaterial (Materialeinzelkosten)	32.000,00		150,-	80,-
+ Materialgemeinkosten (MGK)	4.486,00	14,02 %	21,03	11,216
= Materialkosten	36.486,00		171,03	
Fertigungslöhne (Fertigungseinzelkosten)	40.000,00		160,-	192,-
+ Fertigungsgemeinkosten (FGK)	16.020,00	40,05 %	64,08	
= Fertigungskosten	56.020,00		224,08	
= Herstellkosten der Erzeugung (HKE)	92.506,00		395,011	
− Mehrbestand an fertigen/unfertigen Erzeugn.	4.000,00			
+ Minderbestand an fertigen/unfertigen Erzeugn.	0,00			
= Herstellkosten des Umsatzes (HKU)	88.506,00		395,11	
+ Verwaltungsgemeinkosten (VwGK)	7.189,00	8,12 %	32,08	
+ Vertriebsgemeinkosten (VtGK)	4.905,00	5,54 %	21,89	
= Selbstkosten des Umsatzes	100.600,00		449,08	

INFO-BOX

Besonderheiten der Selbstkostenkalkulation von Erzeugnissen (Kostenträgern)

Die Selbstkostenkalkulation einzelner Erzeugnisse unterscheidet sich von der Kalkulation der gesamten Selbstkosten in einem entscheidenden Punkt: Bei der Kalkulation der **gesamten Selbstkosten** wird zwischen den Herstellkosten der Erzeugung und den Herstellkosten des Umsatzes unterschieden. Der Unterschied ergibt sich aus der Berücksichtigung der Bestandsveränderungen (vgl. die Info-Box des vorhergehenden Kapitels).

Bei der Selbstkostenkalkulation **einzelner Erzeugnisse** werden Bestandsveränderungen außer Acht gelassen. Die Herstellkosten der Erzeugung sind also genauso groß wie die Herstellkosten des Umsatzes. Daher spricht man vereinfacht ▶ Herstellkosten des Erzeugnisses auch nur von den Herstellkosten oder von den Herstellkosten des Erzeugnisses. Das Kalkulationsschema endet auch in diesem Fall mit den Selbstkosten eines Erzeugnisses.

Beispiel:

Ein Unternehmen verzeichnet im Monat September die folgende Kostensituation (verkürzte Darstellung des BAB). Es besteht eine Bestandsminderung in Höhe von 12.500,00 EUR.

Betriebsabrechnungsbogen (BAB) für den Monat September 20..						
Gemeinkostenart	Gesamt-betrag EUR (aus Ergebnis-tabelle, Spalte 7)	Verteilung nach	Kostenstellen			
			Material EUR	Fertigung EUR	Verwaltung EUR	Vertrieb EUR
...	...	...	...	..	...	...
Summen: (d. h. Istgemeinkosten)	180.000,00	Σ =	30.000,00	70.000,00	24.000,00	56.000,00
Zuschlagsgrundlagen:			Fertigungs-material 200.000,00	Fertigungs-löhne 87.500,00	Herstellkosten des Umsatzes (Ist) 400.000,00	
Istzuschlagssätze:			15,00 %	80,00 %	6,00 %	14,00 %

Das Erzeugnis A verursacht Materialeinzelkosten in Höhe von 100,00 EUR und Fertigungs-löhne in Höhe von 150,00 EUR. Bei Erzeugnis B betragen die Materialeinzelkosten 80,00 EUR und die Fertigungslöhne 60,00 EUR. Aus diesen Werten ergibt sich das folgende Schema der Zuschlagskalkulation. Beachten Sie, dass hier sowohl die gesamten Selbstkosten als auch die Selbstkosten der beiden Erzeugnisse in einer Tabelle abgebildet sind.

Das Schema der Zuschlagskalkulation				
	Gesamt in EUR	Errechneter Zuschlag in %	Kostenträger	
			Erzeugnis A EUR	Erzeugnis B EUR
Fertigungsmaterial (Materialeinzelkosten)	200.000,00		100,00	80,00
+ Materialgemeinkosten (MGK)	30.000,00	15,00 %	15,00	12,00
= Materialkosten	230.000,00		115,00	92,00
Fertigungslöhne (Fertigungseinzelkosten)	87.500,00		150,00	60,00
+ Fertigungsgemeinkosten (FGK)	70.000,00	80,00 %	120,00	48,00
= Fertigungskosten	157.500,00		270,00	108,00
= Herstellkosten der Erzeugung (HKE)	387.500,00		385,00	200,00
– Mehrbestand an fert./unfert. Erzeugnissen	0,00	Da bei der Kalkulation einzelner Erzeugnisse keine Bestandsveränderungen berücksich-tigt werden, sind die Herstellkosten der Erzeugung genauso groß wie die Herstell-kosten des Umsatzes. Alternativ kann hier auch der Begriff **Herstellkosten des Erzeug-nisses** verwendet werden.	
+ Minderbestand an fert./unfert. Erzeugnissen	12.500,00		
= Herstellkosten des Umsatzes (HKU)	400.000,00		385,00	200,00
+ Verwaltungsgemeinkosten (VwGK)	24.000,00	6,00 %	23,10	12,00
+ Vertriebsgemeinkosten (VtGK)	56.000,00	14,00 %	53,90	28,00
= Selbstkosten des Umsatzes	480.000,00		462,00	240,00
		Alternativ wird hier auch die Bezeichnung **Selbstkosten des Erzeugnisses** verwendet.		

Vertiefende Aufgaben

1. Die BüKo OHG stellte in der letzten Abrechnungsperiode Seminarstühle und Schreibtische her. Aus der Spalte 7 der Ergebnistabelle liegen die nachfolgenden Daten vor:

Kostenart	Kosten
Rohstoffverbrauch (Materialeinzelkosten)	183.900,00 EUR
Hilfsstoffverbrauch	12.300,00 EUR
Aufwendungen für Energie	38.000,00 EUR
Fremdinstandhaltung	3.000,00 EUR
Löhne (Einzelkosten)	87.535,00 EUR
Gehälter	42.000,00 EUR
Abschreibungen	25.600,00 EUR
Mietaufwand	3.400,00 EUR
Büromaterial	1.100,00 EUR
Betriebliche Steuern	18.000,00 EUR
Zinsaufwand	2.560,00 EUR
Summe	**417.395,00 EUR**

Die BüKo OHG arbeitet mit vier Kostenstellen: Material, Fertigung, Verwaltung und Vertrieb. Die Verteilung der Gemeinkosten soll mithilfe der nachfolgenden Schlüsselungen erfolgen:

Gemeinkostenart	Verteilungs-grundlage	Kostenstellen			
		Material	Fertigung	Verwaltung	Vertrieb
6020 Aufwendungen für Hilfsstoffe	Ausschließlich in der Fertigung		100 %		
6050 Aufwendungen für Energie	Nach Abrechnungsunterlagen	2.880,00	25.760,00	3.360,00	6.000,00
6160 Fremdinstandhaltung	Erfahrungssatz	20 %	80 %		
6300 Gehälter	Nach Arbeitsstunden	220	440	840	600
6520 Abschreibungen	Nach Anlagewerten	150.000,00	1.200.000,00	970.000,00	240.000,00
6700 Mietaufwand	Ausschließlich für das Verkaufsbüro				100 %
6800 Büromaterial	Erfahrungssatz	5 %	10 %	50 %	35 %
7000 Betriebliche Steuern	Gleichmäßige Verteilung auf die vier Kostenstellen	...	...	...	...
7510 Zinsaufwand	Nach Anlagewerten*	150.000,00	1.200.000,00	970.000,00	240.000,00

* Bitte mit exakten Verteilwerten rechnen.

Folgende Daten zu den unfertigen und fertigen Erzeugnissen sind bekannt:

	Anfangsbestand	Endbestand
Unfertige Erzeugnisse	3.200,00 EUR	3.600,00 EUR
Fertige Erzeugnisse	7.600,00 EUR	6.900,00 EUR

a) Erstellen Sie den BAB und ermitteln Sie die Gemeinkostenzuschlagssätze für die einzelnen Kostenstellen. Nutzen Sie hierzu die Vorlage zum BAB auf S. 65.

b) Ermitteln Sie die gesamten Selbstkosten des Umsatzes. Nutzen Sie hierzu die Vorlage zur Zuschlagskalkulation auf S. 65.

c) Begründen Sie, warum die Herstellkosten des Umsatzes als Berechnungsgrundlage für die Verwaltungs- und Vertriebsgemeinkosten herangezogen werden.

d) Begründen Sie, warum die Abschreibungen mithilfe der Anlagenwerte sinnvoll auf die Kostenstellen verteilt werden können.

e) Aufgabenteil e) siehe S. 66!

Vorlage zu Aufgabe 1 a):

Betriebsabrechnungsbogen (BAB) für den Monat November 20..						
Gemeinkostenart	Gesamtbetrag EUR (aus Ergebnis tabelle, Spalte 7)	Verteilung nach	Kostenstellen			
			Material EUR	Fertigung EUR	Verwaltung EUR	Vertrieb EUR
Summen: d. h. Istgemeinkosten						
Zuschlagsgrundlagen:			Fertigungs- material _____	Fertigungs- löhne _____	Herstellkosten des Umsatzes (Ist) _____	
Istzuschlagssätze:						

Vorlage zu Aufgabe 1 b) und 1 e):

Das Schema der Zuschlagskalkulation			Kostenträger	
	Gesamt in EUR	Errechneter Zuschlag in %	Seminarstuhl EUR	Schreibtisch EUR
Fertigungsmaterial (Materialeinzelkosten)				
+ Materialgemeinkosten (MGK)				
= Materialkosten				
Fertigungslöhne (Fertigungseinzelkosten)				
+ Fertigungsgemeinkosten (FGK)				
= Fertigungskosten				
= Herstellkosten der Erzeugung (HKE)				
− Mehrbestand an fertigen/unfertigen Erzeugn.				
+ Minderbestand an fertigen/unfertigen Erzeugn.				
= Herstellkosten des Umsatzes (HKU)				
+ Verwaltungsgemeinkosten (VwGK)				
+ Vertriebsgemeinkosten (VtGK)				
= Selbstkosten des Umsatzes				
			Aufgabe 1 b)	Aufgabe 1 e)

	Anfangsbestand	Endbestand	Bestandsveränderungen
Unfertige Erzeugnisse	3.200,00 EUR	3.600,00 EUR	_____ EUR
Fertige Erzeugnisse	7.600,00 EUR	6.900,00 EUR	_____ EUR

9 Goette u.a. - ISBN 978-3-8120-1032-0

e) Die BüKo OHG möchte für zwei Erzeugnisse (einen Seminarstuhl und einen Schreibtisch) die Selbstkosten der Abrechnungsperiode feststellen. Ermitteln Sie die Selbstkosten unter Beachtung der folgenden Werte:

Zu berücksichtigende Einzelkosten

– Materialeinzelkosten Seminarstuhl:	145,00 EUR
– Fertigungseinzelkosten Seminarstuhl:	180,00 EUR
– Materialeinzelkosten Schreibtisch:	105,00 EUR
– Fertigungseinzelkosten Schreibtisch:	79,00 EUR

Nutzen Sie hierzu die Vorlage zur Zuschlagskalkulation auf S. 65.

2. Die Lothar Lindemann KG ermittelte in der abgelaufenen Periode die folgenden Daten, zu denen bereits Verteilungsschlüssel für den BAB vermerkt wurden:

Gemeinkostenart	Gesamtbetrag EUR (aus Ergebnistabelle, Spalte 7)	Verteilungsgrundlage	Kostenstellen			
			Material	Fertigung	Verwaltung	Vertrieb
6020 Aufwendungen für Hilfsstoffe	11.600,00	Ausschließlich in der Fertigung		100 %		
6300 Gehälter	60.000,00	Nach Arbeitsstunden	320	640	1040	1000
6520 Abschreibungen	332.000,00	Zuordnung	12.000,00	220.000,00	80.000,00	20.000,00
6700 Mietaufwand	7.650,00	Genutzte Fläche	400 m²	1200 m²	300 m²	650 m²
6800 Büromaterial	1.400,00	Erfahrungssatz	10 %	20 %	40 %	30 %
6930 Verluste aus Schadensfällen	3.800,00	Nach Anteilen	20 %	70 %		10 %
7510 Zinsaufwand	2.250,00	Nach Kapitaleinsatz*	15.000,00	325.000,00	65.000,00	45.000,00
Kalk. Unternehmerlohn	20.000,00	Erfahrungssatz	25 %	25 %	25 %	25 %

* Bitte mit exakten Verteilwerten rechnen.

a) Erstellen Sie den BAB und ermitteln Sie die Gemeinkostenzuschlagssätze für die einzelnen Kostenstellen.

– Die Materialeinzelkosten betragen:	210.000,00 EUR
– Die Fertigungseinzelkosten betragen:	140.000,00 EUR

Außerdem liegen folgende Bestandsveränderungen vor:

– Mehrbestand an unfertigen Stoffballen:	2.006,20 EUR
– Minderbestand an fertigen Stoffballen:	20.630,80 EUR

b) Ermitteln Sie die gesamten Selbstkosten des Umsatzes.

c) Die Lothar Lindemann KG möchte für zwei Erzeugnisse (Stoffballen, Typ A und Typ B) die Selbstkosten der Abrechnungsperiode feststellen. Ermitteln Sie die Selbstkosten unter Beachtung der folgenden Werte:

Zu berücksichtigende Einzelkosten

– Materialeinzelkosten Typ A:	75,00 EUR
– Fertigungseinzelkosten Typ A:	115,00 EUR
– Materialeinzelkosten Typ B:	92,50 EUR
– Fertigungseinzelkosten Typ B:	122,50 EUR

3. Zum Ende der Rechnungsperiode (Mai 20..) ermittelte die Öko-Tex GmbH die folgenden Kosten:

Betriebsabrechnungsbogen (BAB)						
Gemeinkostenart	Gesamt-betrag EUR (aus Ergebnis-tabelle, Spalte 7)	Verteilung nach	Kostenstellen			
			Material EUR	Fertigung EUR	Verwaltung EUR	Vertrieb EUR
Summen:	…	…	140.000,00	1.056.000,00	380.100,00	633.500,00

Die Materialeinzelkosten betragen: 1.750.000,00 EUR

Die Fertigungseinzelkosten betragen: 2.200.000,00 EUR

Insgesamt liegt eine Bestandsminderung in Höhe von 78.000,00 EUR vor.

a) Ermitteln Sie

   aa) die Gemeinkostenzuschlagssätze für die einzelnen Kostenstellen,

   ab) die gesamten Selbstkosten des Umsatzes.

b) Die Öko-Tex GmbH möchte für zwei Erzeugnisse (Hemd und Hose) die Selbstkosten der Abrechnungsperiode ermitteln. Folgende Werte liegen hierzu vor:

   – Materialeinzelkosten Hemd: 12,00 EUR

   – Materialeinzelkosten Hose: 15,00 EUR

   – Fertigungseinzelkosten Hemd: 7,00 EUR

   – Fertigungseinzelkosten Hose: 9,00 EUR

4. Die BüKo OHG ermittelte zum Ende der Rechnungsperiode (Juni 20..) gesamte Selbstkosten in Höhe von 657.000,00 EUR. Darin enthalten waren Verwaltungsgemeinkosten in Höhe von 18,00 % und Vertriebsgemeinkosten in Höhe von 28,00 %. Ermitteln Sie den Betrag der

a) Herstellkosten des Umsatzes,

b) Verwaltungsgemeinkosten,

c) Vertriebsgemeinkosten.

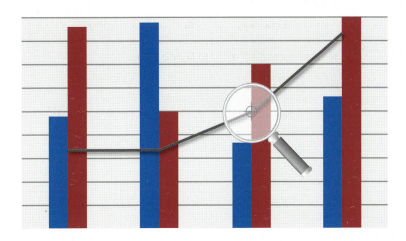

3.5 Zuschlagskalkulation auf Normalkostenbasis und Ermittlung von Kostenüber- und Kostenunterdeckungen

 Fallsituation: Schwankende Gemeinkostenzuschlagssätze

Am 3. Januar des neuen Jahres stellt die Color Chemie AG eine Anfrage über Seminarstühle der Serie „Ergo Sim®".

Frau Straub führt das folgende Gespräch mit der Auszubildenden Carina Crämer:

Frau Straub: Hallo, Carina. Vielleicht haben Sie es bereits gehört? Die Color Chemie AG hat eine Anfrage über eine größere Menge an Seminarstühlen gestellt.

Carina: Ja, davon habe ich bereits gehört. Das ist doch prima.

Frau Straub: Das stimmt. Die Color Chemie AG ist einer unserer wichtigsten Kunden. Wir müssen darauf achten, dass wirklich alles passt. Damit meine ich, dass es wichtig ist, diesen Auftrag zu erhalten und ihn reibungslos abzuwickeln. Wichtig ist natürlich auch, dass wir unsere Kosten gedeckt bekommen und dabei …

Carina: Ich setze Ihren Gedanken fort: … und dabei gewährleisten können, dass der Kunde einen verlässlichen Verkaufspreis von uns erhält.

Frau Straub: Genau. Die Kalkulation eines Verkaufspreises werde ich Ihnen zu einem späteren Zeitpunkt zeigen. Zunächst aber wollen wir klären, mit welchen Werten, oder besser, mit welchen Zuschlagssätzen wir zunächst verlässlich unsere Selbstkosten bestimmen können, die schließlich die Grundlage unserer späteren Verkaufspreiskalkulation sind.

Mithilfe des folgenden Infomaterials sollten Sie sich in einem ersten Schritt über die Grundlagen der Zuschlagskalkulation auf Normalkostenbasis informieren.

 INFO-BOX

Zuschlagskalkulation auf Normalkostenbasis

▶ Normalkostenrechnung

Der BAB wird in der Regel monatlich mit den Istgemeinkosten (also den tatsächlich angefallenen Gemeinkosten) des gerade abgelaufenen Monats erstellt. Da diese Zahlen nicht ständig gleich bleiben, ändern sich auch laufend die aus ihnen ermittelten Istzuschlagssätze. Für diese Schwankungen sind teils innerbetriebliche Gründe (z. B. unterschiedliche Beschäftigung, unregelmäßig anfallende Kosten wie Reparaturen), teils außerbetriebliche Gründe (z. B. Preisänderungen der Rohstoffe, steigende Personalkosten durch Tarifabschlüsse usw.) verantwortlich.

Ein wirksames Unternehmensmanagement erfordert die zielgerichtete Steuerung und Kontrolle der betrieblichen Prozesse. Dazu sind Sollwerte zu planen und konsequent durchzusetzen (Controlling). Die tatsächlich erzielten **Istwerte sind mit den Sollwerten zu vergleichen**, auftretende Abweichungen sind zu untersuchen. Auf der Grundlage dieser Analyse können neue Entscheidungen getroffen und Maßnahmen ergriffen werden.

▶ Soll-Ist-Vergleich

Auf welchem Wege lassen sich diese Sollwerte ermitteln?

Eigentlich sollten Kostenvorgaben durch eine gründliche Kostenplanung ermittelt werden. Dies ist jedoch sehr aufwendig und verursacht wiederum hohe Kosten. Man greift daher in der Praxis auf repräsentative Istkosten der letzten Rechnungsperioden zurück, um diese Vorgabewerte (Sollwerte) festzulegen. Es werden also **Durchschnittswerte der letzten Monate** gebildet. Diese Durchschnittswerte glätten zufallsbedingte und untypische Kostenschwankungen und bringen Ausreißer auf ein normales Niveau zurück. Deshalb spricht man von **Normalkosten**.

▶ Normalkosten

> **Beachten Sie:**
>
> Normalkosten sind Durchschnittskosten der Vergangenheit, die aus den Istkosten mehrerer vergangener Rechnungsperioden ermittelt werden. Sie werden den Kostenstellen für eine kommende Rechnungsperiode als Sollwerte vorgegeben. Eine Kostenrechnung mit Normalkosten wird als Normalkostenrechnung bezeichnet.

Neben den **Istgemeinkosten** und den **Istzuschlagssätzen** existieren also auch **Normalgemeinkosten** und **Normalzuschlagssätze**. Wozu das Ganze? Aufgrund der vorgenannten Schwankungen der Istkosten können wir Folgendes festhalten: **Die Istkostenrechnung eignet sich aufgrund der möglichen Schwankungen nicht für verlässliche Angebotskalkulationen**. Sie kann zur Nachkalkulation herangezogen werden und hilft den Unternehmen, Abweichungen der jeweils aktuellen Rechnungsperiode zu den vorgegebenen Soll- bzw. Normalwerten zu identifizieren.

Für ein Unternehmen ist es überlebenswichtig festzustellen, ob die geplanten Kosten **(Normalkosten)** auch wirklich den tatsächlich entstandenen Kosten **(Istkosten)** entsprechen. Bei der Analyse dieser Abweichungen kann entweder eine Kostenüberdeckung oder eine Kostenunterdeckung entstehen.

Normalkosten bzw. Normalwerte oder auch Normalzuschlagssätze		**Istkosten bzw. Istwerte oder auch Istzuschlagssätze**
• ergeben sich aus Durchschnittswerten der Vergangenheit,	Vergleich der Normal- mit den Istkosten erforderlich	• ergeben sich aus den aktuellen Rechnungsperioden, z.B. am Ende eines Monats,
• weisen Kosten aus, die unter normalen Umständen (also durchschnittlich) erreicht werden sollen,		• weisen Kosten aus, die tatsächlich entstanden sind,
• sind geeignet für die verlässliche Kalkulation von Selbstkosten und für Angebotspreise an Kunden.		• sind geeignet, um die Vorkalkulation auf Abweichungen hin zu überprüfen.
• So sollen die Kosten normalerweise ausfallen.		• So sind die Kosten tatsächlich ausgefallen.
Vorkalkulation (mit Normalkosten)		**Nachkalkulation (mit Istkosten)**

Die Ermittlung von Kostenabweichungen in Form einer Kostenüber- oder -unterdeckung

Bei einer **Kostenunterdeckung** fallen die tatsächlich entstandenen Istgemeinkosten der Kostenstellen Material, Fertigung, Verwaltung und Vertrieb **höher** aus als die Gemeinkosten, die der Unternehmer unter Beachtung der durchschnittlichen Normalzuschlagssätze erwartet bzw. geplant hat. Somit reichen die kalkulierten Verkaufspreise entweder nicht mehr aus, alle Kosten zu decken, oder aber der kalkulierte Gewinn wird sinken.

▶ Kostenunterdeckung

Bei einer **Kostenüberdeckung** fallen die tatsächlich entstandenen Istgemeinkosten **niedriger** aus als die geplanten Gemeinkosten. Dies erscheint auf den ersten Blick positiv, da wahrscheinlich der Gewinn etwas höher ausfallen wird. Langfristig gesehen besteht aber auch hier Handlungsbedarf.

▶ Kostenüberdeckung

Die Ermittlung dieser Kostenabweichungen kann direkt im Betriebsabrechnungsbogen oder im Schema der Zuschlagskalkulation erfolgen. Im letzteren Falle ist dies sowohl in der Selbstkostenbetrachtung der gesamten Kosten als auch der Selbstkosten der einzelnen Erzeugnisse möglich.

▶ Ermittlung der Kosten- abweichung

Beispiel zur Eintragung der Kostenabweichungen im BAB:

Wir greifen noch einmal das Beispiel einer vorherigen Info-Box (vgl. Kapitel 3.4, S. 63) auf, in der die Istzuschlagssätze der vier Kostenstellen ermittelt wurden. Dieses Unternehmen hat durch eine Durchschnittsberechnung der letzten Monate folgende vier Normalzuschlagssätze ermittelt:

- Normalzuschlagssatz für die Materialgemeinkosten: 18,00 %
- Normalzuschlagssatz für die Fertigungsgemeinkosten: 70,00 %
- Normalzuschlagssatz für die Verwaltungsgemeinkosten: 9,00 %
- Normalzuschlagssatz für die Vertriebsgemeinkosten: 10,00 %

Die Zuschlagsgrundlagen für die Material- und Fertigungsgemeinkosten bleiben in der Regel unverändert, es sind jedoch Abweichungen je nach Aufgabenstellung möglich. In jedem Falle sind jedoch die Herstellkosten des Umsatzes neu zu berechnen. Beachten Sie, dass auch hier die Bestandsminderung bei unfertigen und fertigen Erzeugnissen in Höhe von 12.500,00 EUR zu berücksichtigen ist.

Betriebsabrechnungsbogen (BAB) für den Monat September 20..						
Gemeinkostenart	Gesamt- betrag EUR (aus Ergebnis- tabelle, Spalte 7)	Verteilung nach	Kostenstellen			
			Material	Fertigung	Verwaltung	Vertrieb
...	...	...	...	..	...	...
Summen: (d. h. Istgemeinkosten)	180.000,00		30.000,00	70.000,00	24.000,00	56.000,00
Zuschlagsgrundlagen:			Fertigungs- material 200.000,00	Fertigungs- löhne 87.500,00	Herstellkosten des Umsatzes **(Ist)** 400.000,00	
Istzuschlagssätze:			15,00 %	80,00 %	6,00 %	14,00 %
Normalzuschlagssätze:			18,00 %	70,00 %	9,00 %	10,00 %
Zuschlagsgrundlagen:			Fertigungs- material 200.000,00	Fertigungs- löhne 87.500,00	Herstellkosten des Umsatzes **(Normal)** 397.250,00	
Normalgemeinkosten:			36.000,00[1]	61.250,00	35.752,50	39.725,00
Kostenüberdeckung (+):			+ 6.000,00		+ 11.752,50	
Kostenunterdeckung (−):				− 8.750,00		− 16.275,00
Kostenüber- bzw. Kostenunterdeckung gesamt:			− 7.272,50 EUR (Kostenunterdeckung)			

▶ Kosten- über- deckung

▶ Kosten- unter- deckung

1 Bei der Kostenstelle Material ergeben sich 36.000,00 EUR (18,00 % von 200.000,00 EUR) als Wert der Normalgemeinkosten. Dieser Betrag wurde für die Kostenstelle Material als Wert der Gemeinkosten geplant. Tatsächlich sind jedoch nur 30.000,00 EUR an Gemeinkosten angefallen. Somit entsteht in der Kostenstelle Material eine Kostenüberdeckung in Höhe von 6.000,00 EUR.

Anwendungsaufgaben

> **Hinweis:**
>
> Zur Bearbeitung der folgenden **fünf Anwendungsaufgaben** stehen neben der ausführlichen Info-Box (siehe S. 68 ff.) die **Materialien** **M1** und **M2** (siehe S. 73 f.) bereit.
>
> Damit Sie den Überblick behalten, finden Sie in den verschiedenen Materialien jeweils Hinweise, zu welchem **Aufgabenteil** Sie entsprechende Eintragungen und Berechnungen vornehmen sollen. Diese Hinweise sind in den Materialien jeweils in einem blau unterlegten Feld markiert.

1. Ermittlung der Gemeinkostenzuschlagssätze

Die BüKo OHG hat aus den Betriebsabrechnungsbögen der letzten Monate die folgenden Gemeinkostenzuschlagssätze ermittelt:

	Kostenstellen			
Monate	**Material** Angaben in %	**Fertigung** Angaben in %	**Verwaltung** Angaben in %	**Vertrieb** Angaben in %
Mai	25	230	5	5
Juni	21	210	10	2
Juli	15	190	6	5
August	12	240	7	2
September	13	250	8	3
Oktober	10	180	9	4
November	14	220	6	2
Dezember	10	160	5	1

Ermitteln Sie die Gemeinkostenzuschlagssätze, mit denen am **3. Januar** zunächst die Selbstkosten für die Anfrage der Color Chemie AG berechnet werden sollen.

	Kostenstellen			
	Material Angaben in %	**Fertigung** Angaben in %	**Verwaltung** Angaben in %	**Vertrieb** Angaben in %
Gemeinkosten-zuschlagssätze	*15*	*210%*	*7%*	*3%*

2. (Vor-)Kalkulation der Selbstkosten des Seminarstuhls auf Basis der Normalkosten

Kalkulieren Sie für die Anfrage der Color Chemie AG die Selbstkosten des Seminarstuhls auf Basis der Normalkosten (der Normalgemeinkostenzuschlagssätze). Verwenden Sie hierzu die in Aufgabe 1 ermittelten Normalzuschlagssätze.

Aus der Stückliste und dem Arbeitsplan sind folgende Werte bekannt:

▶ Fertigungsmaterial (Materialeinzelkosten):   200,00 EUR

▶ Fertigungslöhne (Fertigungseinzelkosten):   70,00 EUR

Nutzen Sie hierzu in dem Kalkulationsschema **M1** auf S. 73 die Spalte „Vorkalkulation".

3. Ermittlung der Istzuschlagssätze (Nachkalkulation)

Nachdem die Vorkalkulation mit den geplanten Selbstkosten (Normalkosten) für die Seminarstühle erstellt wurde, konnte die BüKo OHG den Auftrag der Color Chemie AG erfolgreich ausführen. Im Rahmen einer Nachkalkulation soll nun überprüft werden, ob die Planungen vom Monatsanfang zuverlässig waren. Am **31. Januar** setzen sich Frau Straub und Carina Crämer daher zusammen, um die tatsächlichen Selbstkosten (Istkosten) zu ermitteln.

Aus den Spalten 7 und 8 der Ergebnistabelle, die am 31. Januar des neuen Jahres aufgestellt wurde, hat Frau Straub folgende Daten entnommen:

Kostenart (Spalte 7)	Kosten
Rohstoffverbrauch (Materialeinzelkosten)	50.000,00 EUR
Hilfsstoffverbrauch	18.000,00 EUR
Löhne (Einzelkosten)	13.500,00 EUR
Gehälter	7.800,00 EUR
Abschreibungen	19.000,00 EUR
Sonstige betriebliche Aufwendungen (Sammelposten)	1.960,00 EUR

Leistungsart (Spalte 8)	Leistungen
Umsatzerlöse für eigene Erzeugnisse	125.000,00 EUR
Bestandsmehrung an unfertigen und fertigen Erzeugnisse	500,00 EUR

a) Vervollständigen Sie unter Zuhilfenahme der Daten vom 31. Januar den Betriebsabrechnungsbogen **M2** (siehe S. 74). Die Verteilung der Gemeinkosten auf die vier Kostenstellen hat Frau Straub bereits vorgenommen.

b) Nutzen Sie das Kalkulationsschema **M1** zur Ermittlung der Herstellkosten des Umsatzes und der Selbstkosten.

4. (Nach-)Kalkulation der Selbstkosten des Seminarstuhls auf Basis der Istkosten

Führen Sie am 31. Januar des neuen Jahres eine Nachkalkulation der Selbstkosten für den Auftrag der Color Chemie AG durch. Verwenden Sie hierzu die in Aufgabe 3 ermittelten Istzuschlagssätze. Beachten Sie: Es liegen keine Hinweise vor, dass bei den Material- und den Fertigungseinzelkosten Veränderungen eingetreten sind.

Verwenden Sie daher auch hier die folgenden Werte:

▶ Fertigungsmaterial (Materialeinzelkosten): 200,00 EUR

▶ Fertigungslöhne (Fertigungseinzelkosten): 70,00 EUR

Nutzen Sie hierzu in dem Kalkulationsschema **M1** auf S. 73 die Spalte „Nachkalkulation".

5. Ermittlung von Kostenabweichungen

In Aufgabe 3 haben Sie den BAB auf Istkostenbasis erstellt. Greifen Sie nun auf die Normalzuschlagssätze zurück, die Sie in Aufgabe 1 ermittelt haben und berechnen Sie die Normalgemeinkosten der vier Kostenstellen. Tragen Sie in **M2** auf S. 74 auch die entstehenden Kostenabweichungen ein.

Beachten Sie:

Durch die veränderten Zuschlagssätze müssen Sie auch die Herstellkosten des Umsatzes neu bestimmen. Verwenden Sie hierzu das zuletzt in Aufgabe 3 von Ihnen verwendete „Schema der Zuschlagskalkulation zur Ermittlung der Selbstkosten" **M1** (siehe S. 73). Nutzen Sie dort die noch frei verbliebenen Spalten der Vorkalkulation. Denken Sie ebenfalls daran, die Bestandsveränderungen zu berücksichtigen.

Für die Einzelkosten gelten die Werte, die Frau Straub am 31. Januar der Ergebnistabelle entnommen hat:

▶ Fertigungsmaterial (Materialeinzelkosten): 50.000,00 EUR

▶ Fertigungslöhne (Fertigungseinzelkosten): 13.500,00 EUR

Tragen Sie in **M1** (siehe S. 73) auch die entstehenden Kostenabweichungen ein.

	Das Schema der Zuschlagskalkulation zur Ermittlung der Selbstkosten mit Vorkalkulation und Nachkalkulation					M1
	Vorkalkulation (Normalkosten)			Nachkalkulation (Istkosten)		
	Normal-gemeinkosten-zuschlagssatz	EUR gesamt	EUR pro Stück	Ist-gemeinkosten-zuschlagssatz	EUR gesamt	EUR pro Stück
Fertigungsmaterial (Materialeinzelkosten)		50.000	200,-		50.000	200
+ Materialgemeinkosten	15 %	7.500	30	16 %	18.000	32
= Materialkosten		57.500	230,-		18.000	232
Fertigungslöhne (Fertigungseinzelkosten)		13.500	70		13.500	70
+ Fertigungsgemeinkosten	210 %	28.350	147,-	200 %	27.000	140
= Fertigungskosten		41.850	217		40.500	210
= Herstellkosten der Erzeugung (HKE)		99.350	447,-		98.500	442
− Mehrbestand an fertigen/unfertigen Erzeugnissen		500	⬇		500	⬇
+ Minderbestand an fertigen/unfertigen Erzeugnissen		98.850			98.000	
= Herstellkosten des Umsatzes (HKU)		98.850	447,-		98.000	442
+ Verwaltungsgemeinkosten	7 %	6.919,5	31,29	10 %	9.800	44,2
+ Vertriebsgemeinkosten	3 %	2.9055	13,41	2 %	1.960	8,84
= Selbstkosten des Umsatzes		108.735,-	491,70		109760	495,04
	Lösung zur Aufgabe 5	Lösung zur Aufgabe 2		Lösung zur Aufgabe 3	Lösung zur Aufgabe 4	

Kostenabweichung insgesamt:	1025,-	Kostenunterdeckung
Kostenabweichung pro Stück:	3,34,-	

Ergänzende Erläuterungen: Das UN plant mit Selbstkosten von 491,70 € pro Seminarstunde. Nach Durchführung des Auftrags, hat die Nachkalkulation ergeben, dass die tatsächlichen Istkoste ...

Betriebsabrechnungsbogen (BAB) für den Monat Januar 20..

Gemeinkostenart	Gesamt-betrag EUR (aus Ergebnis-tabelle, Spalte 7)	Verteilung nach	Kostenstellen			
			Material EUR	Fertigung EUR	Verwaltung EUR	Vertrieb EUR
6020 Aufwendungen für Hilfsstoffe	18.000,00	Aufgaben-stellung	6.000,00	12.000,00	0,00	0,00
6300 Gehälter	7.800,00	Aufgaben-stellung	500,00	600,00	6.000,00	700,00
6520 Abschreibungen	19.000,00	Aufgaben-stellung	1.200,00	14.000,00	3.000,00	800,00
69.. So. betriebliche Aufwendungen	1.960,00	Aufgaben-stellung	300,00	400,00	800,00	460,00
Summen: (d.h. Istgemeinkosten)	46.760,00		8.000,00	27.000,00	9.800,00	1.960,00
			Fertigungs-material	Fertigungs-löhne	Herstellkosten des Umsatzes (Ist)	
Zuschlagsgrundlagen:			50.000	13.500	98.000,-	
Istzuschlagssätze:			16 %	200 %	10 %	2 %
Normalzuschlagssätze:			15 %	210 %	7 %	3 %
			Fertigungs-material	Fertigungs-löhne	Herstellkosten des Umsatzes (Normal)	
Zuschlagsgrundlagen:			50.000	13.500	98.500	
Normalgemeinkosten:			7.500	28.350	6919,5	2905,5
Kostenüberdeckung (+):				+1.350		+1005,5
Kostenunterdeckung (−):			−500		−2880,5	−40
Kostenüber- bzw. Kostenunterdeckung gesamt:			−1025,-			

Lösungen zur Aufgabe 3

Lösungen zur Aufgabe 5

6. **Auswertung der Kostenabweichungen**

a) Erläutern Sie mögliche Gründe, die zu den Kostenabweichungen in den vier Kostenstellen geführt haben können.

▸ Kostenabweichungen bei den Summen entstehen durch Schwankungen bei der Gemeinkosten den Einzelpo

▸

▸

▸

b) Beschreiben Sie die Konsequenzen, die für die BüKo OHG entstehen, je nachdem, ob eine Kostenunterdeckung oder eine Kostenüberdeckung entsteht.

Konsequenzen einer Kostenunterdeckung	
Konsequenzen einer Kostenüberdeckung	

Vertiefende Aufgaben

1. Die BüKo OHG stellte in der letzten Abrechnungsperiode (September 20..) Seminarstühle und Schreibtische her. Aus dem Kosten- und Leistungsbereich der Ergebnistabelle liegen die nachfolgenden Daten vor:

Kostenart	Kosten
Umsatzerlöse	264.600,00 EUR
Bestandsmehrungen	1.750,00 EUR
Rohstoffverbrauch (Materialeinzelkosten)	90.250,00 EUR
Hilfs- und Betriebsstoffverbrauch	7.000,00 EUR
Aufwendungen für Energie	9.010,00 EUR
Löhne (Fertigungseinzelkosten)	35.700,00 EUR
Gehälter	33.010,00 EUR
Abschreibungen	59.535,00 EUR
Sonstige betriebliche Aufwendungen	22.850,00 EUR
Betriebliche Steuern	13.050,00 EUR

Die Aufteilung der Gemeinkosten soll mithilfe der nachfolgenden Verteilungsschlüssel erfolgen:

Gemeinkostenart	Kostenstellen			
	Material	Fertigung	Verwaltung	Vertrieb
6020/6030 Aufw. für Hilfs- und Betriebsstoffe	800,00 EUR	5.000,00 EUR	500,00 EUR	700,00 EUR
6050 Aufw. für Energie	38 000 kWh	90 200 kWh	17 000 kWh	35 000 kWh
6300 Gehälter	4.870,00 EUR	5.500,00 EUR	16.000,00 EUR	6.640,00 EUR
6520 Abschreibungen	6.000,00 EUR	40.000,00 EUR	5.000,00 EUR	8.535,00 EUR
69.. Sonstige betriebliche Aufwendungen	40 Teile	250 Teile	120 Teile	47 Teile
7000 Betriebliche Steuern	1 Teil	11 Teile	4 Teile	2 Teile

Die BüKo OHG hat mit folgenden Normalzuschlagssätzen kalkuliert:

Material: 17,00 %,   Fertigung: 210,00 %,

Verwaltung: 15,00 %,   Vertrieb: 10,00 %

a) Stellen Sie für den Monat September 20.. den BAB nach dem genannten Verteilungsschlüssel auf und ermitteln Sie die Istzuschlagssätze der Gemeinkosten.

b) Führen Sie die Kostenrechnung mit Normalzuschlagssätzen durch und errechnen Sie die Kostenüber- bzw. Kostenunterdeckungen in den einzelnen Kostenbereichen und insgesamt.

c) Für einen Schreibtisch werden auf Grundlage der Stücklisten Materialeinzelkosten in Höhe von 120,00 EUR ermittelt. Die Fertigungslöhne, die dem Arbeitsplan entnommen werden, betragen 80,00 EUR. Ermitteln Sie die Selbstkosten eines Schreibtisches sowohl auf Basis der Istkosten als auch auf Basis der Normalkosten. Stellen Sie auch hier die Kostenabweichung fest.

2. Die Öko-Tex GmbH hat aus dem vergangenen Geschäftsjahr die folgenden Durchschnittszuschlagssätze mithilfe der Betriebsabrechnungsbögen ermittelt:

	Kostenstellen			
	Material Angaben in %	Fertigung Angaben in %	Verwaltung Angaben in %	Vertrieb Angaben in %
Durchschnittswerte aus den Monaten Januar bis Dezember	13,00	136,00	7,00	3,00

Am 3. Januar des neuen Jahres bestellt der Händler Schrick GmbH verschiedene Jeans. Die Kostenrechnung ermittelt, dass für den Auftrag 4.000,00 EUR an Materialkosten und 2.500,00 EUR an Fertigungslöhnen anfallen.

Am 31. Januar des neuen Jahres erstellt die Öko-Tex GmbH ihren Monatsabschluss. Dabei ermittelt sie im Kosten- und Leistungsbereich die folgenden Werte:

Kostenart	Kosten/Leistungen
Umsatzerlöse	6.100.000,00 EUR
Bestandsmehrungen	21.000,00 EUR
Rohstoffverbrauch (Materialeinzelkosten)	1.400.000,00 EUR
Hilfsstoffaufwand	198.000,00 EUR
Löhne (Einzelkosten)	1.600.000,00 EUR
Gehälter	700.000,00 EUR
Abschreibungen	1.600.000,00 EUR
Sonstige betriebliche Aufwendungen	400.000,00 EUR

Die Gemeinkosten verteilen sich auf die Kostenstellen wie folgt:

Gemeinkostenart	Gesamtbetrag EUR (aus Ergebnistabelle, Spalte 7)	Kostenstellen			
		Material EUR	Fertigung EUR	Verwaltung EUR	Vertrieb EUR
6020 Aufwendungen für Hilfsstoffe	198.000,00	28.000,00	170.000,00		
6300 Gehälter	700.000,00	90.000,00	240.000,00	350.000,00	20.000,00
6520 Abschreibungen	1.600.000,00	30.000,00	1.400.000,00	90.000,00	80.000,00
69.. Sonstige betriebliche Aufwendungen	400.000,00	40.000,00	280.000,00	60.000,00	20.000,00
Summen:	2.898.000,00	188.000,00	2.090.000,00	500.000,00	120.000,00

a) Kalkulieren Sie die Selbstkosten für den Auftrag der Schrick GmbH zum 3. Januar des neuen Jahres mit den Normalgemeinkostenzuschlagssätzen.

b) Ermitteln Sie am 31. Januar des neuen Jahres mithilfe des Betriebsabrechnungsbogens die Istzuschlagssätze.

c) Führen Sie am 31. Januar des neuen Jahres eine Nachkalkulation mit den in Aufgabenteil b) ermittelten Istzuschlagssätzen durch. Die Materialkosten und die Fertigungslöhne entsprechen den vorher kalkulierten Größen.

d) Ermitteln Sie die Kostenüber- bzw. Kostenunterdeckungen in den einzelnen Kostenstellen.

e) Nennen Sie Konsequenzen, die sich aus den Kostenabweichungen ergeben können.

3.6 Angebotskalkulation (als Vorkalkulation)

▶ **Fallsituation: Wie lässt sich der Verkaufspreis eines Seminarstuhls kalkulieren?**

▶ Selbstkosten

| Frau Straub: | Hallo, Carina. Im nächsten Schritt beschäftigen wir uns mit der Kalkulation eines Verkaufspreises. Hierzu greifen wir noch einmal auf den Auftrag der Color Chemie AG zurück, für den wir im Rahmen der Vorkalkulation die Selbstkosten in Höhe von 491,70 EUR ermittelt hatten. |

Carina: Ja, aber wir haben doch auch die Nachkalkulation durchgeführt und festgestellt, dass eine Kostenabweichung in Form einer Kostenunterdeckung eingetreten ist.

▶ Gewinnzuschlag

Frau Straub: Auch das ist richtig. Die Nachkalkulation konnten wir aber erst nach Durchführung des Auftrags erstellen. Zum Zeitpunkt der Anfrage mussten wir uns auf die Durchschnittswerte, d.h. auf die Normalkosten verlassen. Dazu haben wir dann einen Gewinnzuschlag hinzugerechnet und außerdem berücksichtigt, dass wir der Color Chemie AG die Möglichkeit des Skontoabzugs einräumen wollten. Ach ja, und da der verantwortliche Einkäufer der Color Chemie AG gerne nachverhandelt, haben wir aufgrund der langjährigen Geschäftsbeziehung zusätzlich noch einen Rabatt berücksichtigt. Ich denke, dass Sie nun in der Lage sind, diese Kalkulation des Verkaufspreises eigenständig durchzuführen.

▶ Rabatt

Anschließend sehen wir uns an, welche Auswirkung die von Ihnen angesprochene Kostenabweichung auf den Erfolg dieses Auftrags hatte.

Anwendungsaufgabe

1. Helfen Sie der Auszubildenden Carina Crämer, die von Frau Straub gestellte Aufgabe zu lösen, indem Sie das nachfolgende Schema zur Angebotskalkulation **M1** vervollständigen. Beachten Sie, dass die Werte, die zur Ermittlung der Selbstkosten erforderlich waren, bereits in das Schema eingetragen wurden. Informieren Sie sich vorab mithilfe der Info-Box (siehe S. 79 ff.) über die Erstellung einer Angebotskalkulation.

a) Ergänzen Sie zunächst bis zum Schritt der Selbstkosten die freien Felder der Hilfsspalten.

b) Führen Sie das Schema anschließend fort und kalkulieren Sie den Angebotspreis für einen Seminarstuhl unter der Bedingung, dass die BüKo OHG einen Gewinn in Höhe von 10 % erzielen möchte und der Color Chemie AG neben einem möglichen Skontoabzug in Höhe von 3 % noch einen Rabatt in Höhe von 5 % einräumt.

Z.	Positionen	Zuschläge in %	Betrag in EUR		Hilfsspalten in %
	Das vollständige Schema zur Ermittlung eines Angebotspreises (NETTO) **Vorkalkulation (mit Normalkosten)**				M1
1	Fertigungsmaterial (Materialeinzelkosten)		200,00		100,00
2	+ Materialgemeinkosten (MGK)	15,00	30,00		
3	= Materialkosten		230,00		
4	Fertigungslöhne (Fertigungseinzelkosten)		70,00		
5	+ Fertigungsgemeinkosten (FGK)	210,00	147,00		
6	= Fertigungskosten		217,00		
7	= **Herstellkosten des Erzeugnisses**		**447,00**		
8	+ Verwaltungsgemeinkosten (VwGK)	7,00	31,29		
9	+ Vertriebsgemeinkosten (VtGK)	3,00	13,41		
10	= **Selbstkosten des Erzeugnisses**		**491,70**		
11	+ Gewinnzuschlag				
12	= Barverkaufspreis				
13	+ Kundenskonto				
14	= Zielverkaufspreis				
15	+ Kundenrabatt				
16	= **Listenverkaufspreis bzw.** **Angebotspreis (NETTO)**		?		

INFO-BOX

Die Ermittlung eines Angebotspreises/ Erstellung der Angebotskalkulation

▶ Angebots-kalkulation

Die Erstellung der Angebotskalkulation mit dem Ziel der Ermittlung eines Angebotspreises basiert auf der Zuschlagskalkulation und den dort festgestellten Selbstkosten eines Erzeugnisses auf Normalkostenbasis.

Beispiel zur Ermittlung eines Angebotspreises:

Das nachfolgende Kalkulationsschema greift noch einmal einen Fall einer vorherigen Info-Box auf und stellt den vollständigen Rechenweg dar.

Das Erzeugnis A verursacht Materialeinzelkosten in Höhe von 100,00 EUR und Fertigungslöhne in Höhe von 150,00 EUR. Dieses Unternehmen hat durch eine Durchschnittsberechnung folgende vier Normalzuschlagssätze ermittelt:

- Normalzuschlagssatz für die Materialgemeinkosten: 18,00 %
- Normalzuschlagssatz für die Fertigungsgemeinkosten: 70,00 %
- Normalzuschlagssatz für die Verwaltungsgemeinkosten: 9,00 %
- Normalzuschlagssatz für die Vertriebsgemeinkosten: 10,00 %

Das Unternehmen kalkuliert mit einem Gewinn in Höhe von 15 %. Außerdem soll dem Kunden ein Skontoabzug in Höhe von 4 % sowie ein Rabatt in Höhe von 10 % eingeräumt werden. Beachten Sie für das Nachvollziehen der folgenden Berechnungen auch die dazugehörigen Hinweise, die im Anschluss aufgeführt sind.

Z.	Positionen	Zuschläge in %	Betrag in EUR		Hilfsspalten in %		
	Das vollständige Schema zur Ermittlung eines Angebotspreises Vorkalkulation (mit Normalkosten)						
1	Fertigungsmaterial (Materialeinzelkosten)		100,00				100,00
2	+ Materialgemeinkosten (MGK)	18,00	18,00				+ 18,00
3	= Materialkosten		118,00				= 118,00
4	Fertigungslöhne (Fertigungseinzelkosten)		150,00		100,00		
5	+ Fertigungsgemeinkosten (FGK)	70,00	105,00		+ 70,00		
6	= Fertigungskosten		255,00		= 170,00		
7	= **Herstellkosten des Erzeugnisses**		**373,00**				100,00
8	+ Verwaltungsgemeinkosten (VwGK)	9,00	33,57				+ 9,00
9	+ Vertriebsgemeinkosten (VtGK)	10,00	37,30				+ 10,00
10	= **Selbstkosten des Erzeugnisses**		**443,87**		100,00		= 119,00
11	+ Gewinnzuschlag	15,00	66,58		+ 15,00		
12	= Barverkaufspreis		510,45		= 115,00		96,00
13	+ Kundenskonto	4,00	21,27				+ 4,00
14	= Zielverkaufspreis		531,72		90,00		= 100,00
15	+ Kundenrabatt	10,00	59,08		+ 10,00		
16	= **Listenverkaufspreis bzw. Angebotspreis (NETTO)**		**590,80** ?		= 100,00		100,00
17	+ Umsatzsteuer	19,00	112,25				+ 19,00
18	= Listenverkaufspreis bzw. Angebotspreis (BRUTTO)		703,05 ?				= 119,00

Hinweise zu den Berechnungen:

Schrittfolge bzw. Zeilenangabe	Inhalte
Zeile 1 bis Zeile 10 ▶ Ermittlung der Selbstkosten	Diese ersten zehn Zeilen stellen das Verfahren der Zuschlagskalkulation zur Ermittlung der Selbstkosten dar. Aufgrund der zahlreichen Aufgaben aus den letzten Kapiteln sollte Ihnen dieses Verfahren nun keine Schwierigkeiten mehr bereiten. Beachten Sie die Angaben in den Hilfsspalten, die Ihnen noch einmal die Zusammenhänge und Grundlagen der verschiedenen Zuschläge darstellen sollen. Die Zuschläge für die Materialgemeinkosten und die Fertigungsgemeinkosten beziehen sich immer auf die Zuschlagsgrundlage in Form der Materialeinzelkosten oder der Fertigungseinzelkosten. Diese werden aufgrund ihrer Eigenschaft einer Zuschlagsgrundlage mit 100,00 % als Ausgangsbasis angesetzt. Ähnlich verhält es sich bei den Verwaltungsgemeinkosten und den Vertriebsgemeinkosten. Als Zuschlagsbasis werden die Herstellkosten herangezogen, sodass auch hier die Ausgangsbasis mit 100,00 % anzusetzen ist. **Beachten Sie:** Diese Berechnungen werden „vom Hundert" vorgenommen.

Schrittfolge bzw. Zeilenangabe	Inhalte
Zeile 10 + 11 + 12 ▶ Ermittlung des Gewinn- zuschlags	In diesen Zeilen wird der vom Unternehmen beabsichtigte Gewinnzuschlag berücksichtigt. Ein Gewinnzuschlag basiert immer auf den ermittelten Selbstkosten, sodass diese als Ausgangsbasis mit 100,00 % angesetzt werden. **Beachten Sie:** Auch hier werden die Berechnungen „vom Hundert" vorgenommen. Unter Zuhilfenahme eines Dreisatzes lässt sich die Berechnung wie folgt darstellen: Selbstkosten: 100 % = 443,87 EUR $\rightarrow$ $x = \dfrac{443,87\text{ EUR} \cdot 15\%}{100\%} = 66,58$ EUR Gewinnzuschlag: 15 % = x EUR Das Ergebnis aus der Addition von Selbstkosten und Gewinnzuschlag wird in der Kalkulation als **Barverkaufspreis** bezeichnet.
Zeile 12 + 13 + 14 ▶ Ermittlung des Zielverkaufs- preises	Nun soll festgestellt werden, wie sich die Möglichkeit eines Kundenskontos in die Kalkulation einarbeiten lässt. Zur Erinnerung: Ein Skonto ist ein prozentualer Nachlass, der vom Rechnungsbetrag abgezogen werden darf, sofern innerhalb einer bestimmten Frist gezahlt wird. Diese Skontomöglichkeit nutzt der Kunde, indem er einen festgelegten Prozentsatz **vom Zielverkaufspreis** abzieht. Hier entsteht ein wichtiger Unterschied zu den bisherigen Prozentberechnungen. **Beachten Sie:** Hier werden die Berechnungen „im Hundert" vorgenommen. Auch hier empfiehlt sich die Darstellung unter Zuhilfenahme eines Dreisatzes: Barverkaufspreis: 96 % = 510,45 EUR $\rightarrow$ $x = \dfrac{510,45\text{ EUR} \cdot 4\%}{96\%} = 21,27$ EUR Kundenskonto: 4 % = x EUR Das Ergebnis aus der Addition von Barverkaufspreis und Kundenskonto wird in der Kalkulation als **Zielverkaufspreis** bezeichnet.
Zeile 14 + 15 + 16 ▶ Ermittlung des Listenver- kaufspreises (NETTO)	An dieser Stelle soll die Berücksichtigung des Kundenrabatts erfolgen. Dieser kann vielfältige Hintergründe haben: So existieren Mengenrabatte, Großkundenrabatte, Treuerabatte usw. Ein Rabatt wird dem Kunden in der Regel sofort auf der Rechnung ausgewiesen, indem er vom Listenpreis eines Artikels direkt abgezogen wird. **Beachten Sie:** Auch hier werden die Berechnungen wieder „im Hundert" vorgenommen. Der Dreisatz zur Lösung lautet: Zielverkaufspreis: 90 % = 531,72 EUR $\rightarrow$ $x = \dfrac{531,72\text{ EUR} \cdot 10\%}{90\%} = 59,08$ EUR Kundenrabatt: 10 % = x EUR Das Ergebnis aus der Addition von Zielverkaufspreis und Kundenrabatt wird in der Kalkulation als **Listenverkaufspreis oder Angebotspreis** bezeichnet.

Unter der Voraussetzung, dass die BüKo OHG ihre Verträge in der Regel mit anderen Unternehmen schließt, endet an dieser Stelle die Angebotskalkulation. Bei diesem zweiseitigen Handelskauf kommunizieren die Vertragspartner in der Regel mit Nettowerten, d.h. mit Werten ohne Umsatzsteuer. Dies vor dem Hintergrund, dass die Umsatzsteuer für die Unternehmen ein sogenannter „durchlaufender Posten" ist.

Wird ein Vertrag zwischen einem Unternehmer und einer Privatperson geschlossen (einseitiger Handelskauf), so besteht für den Unternehmer die Verpflichtung, den Listenverkaufspreis inklusive der Umsatzsteuer auszuweisen. Die Kalkulation wird in diesem Falle wie folgt fortgesetzt:

Schrittfolge bzw. Zeilenangabe	Inhalte
Zeile 16 + 17 + 18 ▶ Ermittlung des Listenver- kaufspreises (BRUTTO)	Die Umsatzsteuer mit ihrem Regelsatz von derzeit 19 % wird auf den Netto-Listenverkaufspreis aufgeschlagen. **Beachten Sie:** Hier werden die Berechnungen nun wieder „vom Hundert" vorgenommen. Unter Zuhilfenahme eines Dreisatzes lässt sich die Berechnung wie folgt darstellen: Listen-VK (netto): 100 % = 590,80 EUR $\rightarrow$ $x = \dfrac{590,80\text{ EUR} \cdot 19\%}{100\%} = 112,25$ EUR Umsatzsteuer: 19 % = x EUR

Angebotskalkulation unter Berücksichtigung von Vertriebsprovisionen

▶ Vertriebs-
provisionen

Unternehmen sind beim Verkauf ihrer Erzeugnisse oftmals auf die Unterstützung von Außendienstmitarbeitern angewiesen. Diese können zum einen die angestellten Handlungsreisenden, zum anderen aber auch selbstständige Handelsvertreter sein. Beide haben aber eine gemeinsame Eigenschaft: eine erfolgsabhängige Vergütung in Form einer Vertriebsprovision.

Wie auch schon bei der Behandlung der Kundenkonditionen (Skonto und Rabatt) handelt es sich hierbei um eine vom verkaufenden Unternehmen einkalkulierte Position.

Beispiel:

Wir greifen auf die vorangegangene Angebotskalkulation (siehe S. 80) zurück und unterstellen nun, dass eine **Vertriebsprovision in Höhe von 5 %** auf den Zielverkaufspreis einkalkuliert werden soll.

Die neu hinzukommende Position Vertriebsprovision ist in ROT eingetragen. Die damit in Verbindung stehenden Änderungen anderer Positionen sind in der Farbe BLAU gekennzeichnet. Wichtig ist zu erkennen, dass der Barverkaufspreis in diesem Falle auf 91 % herabgesenkt wird, sodass der Zielverkaufspreis die Grundlage für die folgenden zwei Positionen der Kalkulation darstellen kann:

- Für die Vertriebsprovision in Höhe von 5 %
- Für den Kundenskonto in Höhe von 4 %.

Z.	Positionen	Zuschläge in %	Betrag in EUR	Hilfsspalten in %		
1	Fertigungsmaterial (Materialeinzelkosten)		100,00			100,00
2	+ Materialgemeinkosten (MGK)	18,00	18,00		+	18,00
3	= Materialkosten		118,00		=	118,00
4	Fertigungslöhne (Fertigungseinzelkosten)		150,00	100,00		
5	+ Fertigungsgemeinkosten (FGK)	70,00	105,00	+ 70,00		
6	= Fertigungskosten		255,00	= 170,00		
7	**= Herstellkosten des Erzeugnisses**		**373,00**			100,00
8	+ Verwaltungsgemeinkosten (VwGK)	9,00	33,57		+	9,00
9	+ Vertriebsgemeinkosten (VtGK)	10,00	37,30		+	10,00
10	**= Selbstkosten des Erzeugnisses**		**443,87**	100,00	=	119,00
11	+ Gewinnzuschlag	15,00	66,58	+ 15,00		
12	= Barverkaufspreis		510,45	= 115,00		91,00
13a	**+ Kundenskonto**	**4,00**	**22,44**		**+**	**4,00**
13b	**+ Vertriebsprovision**	**5,00**	**28,05**		**+**	**5,00**
14	**= Zielverkaufspreis**		**560,94**	90,00	**=**	**100,00**
15	**+ Kundenrabatt**	**10,00**	**62,33**	+	10,00	
16	**= Listenverkaufspreis bzw. Angebotspreis (NETTO)**		**623,27**	? = 100,00		

Das vollständige Schema zur Ermittlung eines Angebotspreises

Vertiefende Aufgaben

1. Die BüKo OHG unterbreitet einem langjährigen Kunden ein Angebot für einen Schreibtisch. Aus den Stücklisten und dem Arbeitsplan ergeben sich folgende Daten:

- Verbrauch an Holz: 20,00 EUR pro Tisch
- Glasplatte, 80 × 180 cm: 25,00 EUR pro Tisch
- Fertigungszeit: 30 Minuten pro Tisch
- Fertigungslohn: 28,00 EUR pro Stunde

Die Normalgemeinkostenzuschlagssätze lauten:

- Materialgemeinkosten: 10,00 %
- Fertigungsgemeinkosten: 160,00 %
- Verwaltungsgemeinkosten: 8,00 %
- Vertriebsgemeinkosten: 4,00 %

Darüber hinaus soll ein Gewinnzuschlag in Höhe von 8,00 % berücksichtigt werden. Außerdem sollen folgende Kundenkonditionen einkalkuliert werden:

- Kundenrabatt: 5,00 %
- Kundenskonto: 2,00 %

Ermitteln Sie den Angebotspreis unter Berücksichtigung der oben genannten Daten.

Kalkulationsschema mit Vorkalkulation				
		Vorkalkulation (mit Normalkosten)		
Z.	Positionen	Zuschläge in %	Betrag in EUR	Hilfsspalten in %
1	Fertigungsmaterial (Materialeinzelkosten)			
2	+ Materialgemeinkosten (MGK)			
3	= Materialkosten			
4	Fertigungslöhne (Fertigungseinzelkosten)			
5	+ Fertigungsgemein-kosten (FGK)			
6	= Fertigungskosten			
7	= **Herstellkosten des Erzeugnisses**			
8	+ Verwaltungsgemein-kosten (VwGK)			
9	+ Vertriebsgemein-kosten (VtGK)			
10	= **Selbstkosten des Erzeugnisses**			
11	+ Gewinnzuschlag			
12	= Barverkaufspreis			
13	+ Kundenskonto			
14	= Zielverkaufspreis			
15	+ Kundenrabatt			
16	= **Listenverkaufspreis bzw. Angebotspreis (NETTO)**			

2. Die Öko-Tex GmbH soll ein Angebot für die Klein KG, einem Textilgroßhandel, abgeben. Das Angebot soll auf einem Stoffverbrauch von 120 Metern basieren, der mit 11,00 EUR pro laufendem Meter angesetzt wird. Die Lohnkosten in der Fertigung werden mit 20 Stunden angesetzt, wobei die Arbeitsstunde mit 55,00 EUR kalkuliert wird. Aus den vergangenen Perioden wurden die folgenden Zuschlagssätze ermittelt:

Kostenstellen			
Material	**Fertigung**	**Verwaltung**	**Vertrieb**
12,00 %	210,00 %	8,5 %	6,2 %

Die Öko-Tex GmbH kalkuliert Aufträge mit einem Gewinnzuschlag von 8 %. Sie gewährt den Kunden einen Skontoabzug von 3 % und einen Rabatt in Höhe von 6 %.

Ermitteln Sie den Angebotspreis.

Kalkulationsschema mit Vorkalkulation					
		Vorkalkulation (mit Normalkosten)			
Z.	**Positionen**	**Zuschläge in %**	**Betrag in EUR**	**Hilfsspalten in %**	
1	Fertigungsmaterial (Materialeinzelkosten)				
2	+ Materialgemeinkosten (MGK)				
3	= Materialkosten				
4	Fertigungslöhne (Fertigungseinzelkosten)				
5	+ Fertigungsgemein-kosten (FGK)				
6	= Fertigungskosten				
7	= **Herstellkosten des Erzeugnisses**				
8	+ Verwaltungsgemein-kosten (VwGK)				
9	+ Vertriebsgemein-kosten (VtGK)				
10	= **Selbstkosten des Erzeugnisses**				
11	+ Gewinnzuschlag				
12	= Barverkaufspreis				
13	+ Kundenskonto				
14	= Zielverkaufspreis				
15	+ Kundenrabatt				
16	= **Listenverkaufspreis bzw. Angebotspreis (NETTO)**				

3. Die BüKo OHG erhält von der Color Chemie AG den Auftrag, acht Seminarstühle „Ergo Sim®" zu liefern. Sie werden damit beauftragt, diesen Auftrag zu kalkulieren.

Für die Vorkalkulation gelten die folgenden Daten:

– Holzverbrauch für einen Stuhl: $1\,m^2$ mit 19,00 EUR pro m^2 Holz

– Montagezeit des Stuhls: 1,1 Stunden, wobei die Arbeitsstunde mit 51,00 EUR kalkuliert wird.

– Gemeinkostenzuschlagsätze: Material = 12,00 %; Fertigung = 160,00 %; Verwaltung = 5,00 %, Vertrieb = 3,00 %

– Die BüKo OHG kalkuliert einen Gewinn in Höhe von 5 %.

– Der Color Chemie AG soll eine Skontomöglichkeit in Höhe von 2 % und ein Treuerabatt in Höhe von 10 % gewährt werden.

Führen Sie die Vorkalkulation für die **acht** Seminarstühle durch.

		Kalkulationsschema mit Vorkalkulation		
		Vorkalkulation (mit Normalkosten)		
Z.	Positionen	Zuschläge in %	Betrag in EUR	Hilfsspalten in %
1	Fertigungsmaterial (Materialeinzelkosten)			
2	+ Materialgemeinkosten (MGK)			
3	= Materialkosten			
4	Fertigungslöhne (Fertigungseinzelkosten)			
5	+ Fertigungsgemeinkosten (FGK)			
6	= Fertigungskosten			
7	= **Herstellkosten des Erzeugnisses**			
8	+ Verwaltungsgemeinkosten (VwGK)			
9	+ Vertriebsgemeinkosten (VtGK)			
10	= **Selbstkosten des Erzeugnisses**			
11	+ Gewinnzuschlag			
12	= Barverkaufspreis			
13	+ Kundenskonto			
14	= Zielverkaufspreis			
15	+ Kundenrabatt			
16	= **Listenverkaufspreis bzw. Angebotspreis (NETTO)**			

4. Die BüKo OHG steht vor einer schwierigen Problematik. Einem Kunden wurde ein Seminarstuhl zum Listenverkaufspreis in Höhe von 195,00 EUR angeboten. Es wurde ein Gewinnzuschlag von 10 % eingerechnet. Nun meldet sich der Kunde mit der Information, dass ein Wettbewerber der BüKo OHG einen nahezu identischen Stuhl zu einem Listenverkaufspreis in Höhe von 175,00 EUR anbietet. Die Konditionen des Kunden sind nicht veränderbar, viele weitere Kostenpositionen stehen ebenfalls fest, auch der Gewinnzuschlag in Höhe von 10 % soll nicht verändert werden. Die einzige Chance sieht Herr Nolte bei einer Nachverhandlung für das Fertigungsmaterial.

Ermitteln Sie, zu welchem Preis das Fertigungsmaterial höchstens angesetzt werden darf, wenn folgende Kostenpositionen feststehen:

Fertigungslöhne:	40,00 EUR
Fertigungsgemeinkostenzuschlagssatz:	75,00 %
Materialgemeinkostenzuschlagssatz:	30,00 %
Kundenrabatt:	8,00 %
Verwaltungsgemeinkostenzuschlagssatz:	8,00 %
Vertriebsgemeinkostenzuschlagssatz:	5,00 %
Kundenskonto:	3,00 %

	Rückwärtskalkulation (mit Normalkosten)				
Z.	Positionen	Zuschläge in %	Betrag in EUR		Hilfsspalten in %
1	**Fertigungsmaterial (Materialeinzelkosten)**			?	
2	+ Materialgemeinkosten (MGK)				
3	= Materialkosten				
4	Fertigungslöhne (Fertigungseinzelkosten)				
5	+ Fertigungsgemein- kosten (FGK)				
6	= Fertigungskosten				
7	= **Herstellkosten des Erzeugnisses**				
8	+ Verwaltungsgemein- kosten (VwGK)				
9	+ Vertriebsgemein- kosten (VtGK)				
10	= **Selbstkosten des Erzeugnisses**				
11	+ Gewinnzuschlag				
12	= Barverkaufspreis				
13	+ Kundenskonto				
14	= Zielverkaufspreis				
15	+ Kundenrabatt				
16	= **Listenverkaufspreis bzw. Angebotspreis (NETTO)**				

5. Die Lothar Lindemann KG hat einem langjährigen Kunden eine größere Menge Webstoff zum Listenverkaufspreis von 39.062,50 EUR angeboten. Im zuvor kalkulierten Listenverkaufspreis von 39.062,50 EUR war ein Gewinn in Höhe von 6.000,00 EUR einkalkuliert. Das Fertigungsmaterial wurde mit 8.000,00 EUR angesetzt.

a) Erstellen Sie auf Grundlage der o.g. Informationen zunächst die Angebotskalkulation. Es sind folgende Kostenpositionen bekannt.

Fertigungslöhne:	6.000,00 EUR
Fertigungsgemeinkostenzuschlagssatz:	150,00 %
Materialgemeinkostenzuschlagssatz:	25,00 %
Kundenrabatt:	4,00 %
Verwaltungsgemeinkostenzuschlagssatz:	12,00 %
Vertriebsgemeinkostenzuschlagssatz:	8,00 %
Kundenskonto:	4,00 %

Vorwärtskalkulation (mit Normalkosten)				
Z.	Positionen	Zuschläge in %	Betrag in EUR	Hilfsspalten in %
1	Fertigungsmaterial (Materialeinzelkosten)			
2	+ Materialgemeinkosten (MGK)			
3	= Materialkosten			
4	Fertigungslöhne (Fertigungseinzelkosten)			
5	+ Fertigungsgemeinkosten (FGK)			
6	= Fertigungskosten			
7	= **Herstellkosten des Erzeugnisses**			
8	+ Verwaltungsgemeinkosten (VwGK)			
9	+ Vertriebsgemeinkosten (VtGK)			
10	= **Selbstkosten des Erzeugnisses**			
11	+ Gewinnzuschlag	?		
12	= Barverkaufspreis			
13	+ Kundenskonto			
14	= Zielverkaufspreis			
15	+ Kundenrabatt			
16	= **Listenverkaufspreis bzw. Angebotspreis (NETTO)**			?

b) Bestimmen Sie den Gewinnzuschlag in Prozent.

c) Der Kunde kann und will den Listenverkaufspreis in Höhe von 39.062,50 EUR nicht akzeptieren und hat bereits mehrfach nachverhandelt. Im Zuge der letzten Nachverhandlung einigte man sich auf einen Listenverkaufspreis in Höhe von 37.000,00 EUR. Die Kundenkonditionen sollen dabei nicht reduziert werden. Ebenfalls soll der vorkalkulierte Gewinn in Höhe von 6.000,00 EUR nicht verändert werden. Um den Auftrag zu erhalten, soll noch einmal mit dem Lieferanten des Fertigungsmaterials verhandelt werden.

ca) Bestimmen Sie die maximal anzusetzenden Kosten für das Fertigungsmaterial, wenn die o. g. Kostenpositionen bekannt sind.

cb) Ermitteln Sie den Gewinnzuschlag in %.

Rückwärtskalkulation (mit Normalkosten)					
Z.	Positionen	Zuschläge in %	Betrag in EUR	?	Hilfsspalten in %
1	**Fertigungsmaterial (Materialeinzelkosten)**				
2	+ Materialgemeinkosten (MGK)				
3	= Materialkosten				
4	Fertigungslöhne (Fertigungseinzelkosten)				
5	+ Fertigungsgemein-kosten (FGK)				
6	= Fertigungskosten				
7	= **Herstellkosten des Erzeugnisses**				
8	+ Verwaltungsgemein-kosten (VwGK)				
9	+ Vertriebsgemein-kosten (VtGK)				
10	= **Selbstkosten des Erzeugnisses**				
11	+ Gewinnzuschlag				
12	= Barverkaufspreis				
13	+ Kundenskonto				
14	= Zielverkaufspreis				
15	+ Kundenrabatt				
16	= **Listenverkaufspreis bzw. Angebotspreis (NETTO)**				

3.7 Nachkalkulation zur Kontrolle der Angebotskalkulation

▶ **Fallsituation:** **Wie lässt sich die Angebotskalkulation eines Seminarstuhls anschließend kontrollieren?**

Nachdem Carina Crämer den Angebotspreis des Seminarstuhls für die Color Chemie AG ermittelt hat, geht Frau Straub noch einmal auf die ermittelte Kostenabweichung ein (vgl. Anwendungsaufgabe 5 in Kapitel 3.5, S. 72).

Frau Straub: Wir haben also einen für unseren Kunden verlässlichen Verkaufspreis in Höhe von 586,95 EUR ermittelt. Dieser basiert zunächst auf den Normalzuschlagssätzen zur Ermittlung der Selbstkosten, …

Carina: … sodass wir anschließend den gewünschten Gewinn sowie die Kundenkonditionen in Form von Skonto und Rabatt hinzurechnen konnten. Wir haben aber festgestellt, dass die geplanten Zuschlagssätze nicht exakt eingehalten werden konnten. Wir hatten es am Ende mit einer Kostenunterdeckung zu tun. Die tatsächlichen Selbstkosten sind um 3,34 EUR je Seminarstuhl höher ausgefallen als geplant.

Frau Straub: Wir sehen uns nun an, welche Auswirkung diese Kostenabweichung auf den Erfolg dieses Auftrags hat.

Anwendungsaufgaben

1. Auch bei dieser Aufgabe sollen Sie die Auszubildende Carina Crämer unterstützen. Informieren Sie sich hierzu mithilfe der Info-Box und nutzen Sie zur Bearbeitung des folgenden Arbeitsauftrags das Kalkulationsschema **M1** auf S. 90. Die Werte der Vorkalkulation sind bereits eingetragen.

   Überprüfen Sie im Rahmen einer Nachkalkulation, wie sich die genannte Kostenabweichung auf den Erfolg des Auftrags der Color Chemie AG ausgewirkt hat. Hierzu liegen Ihnen folgende Istwerte vor:
   - ▶ Materialeinzelkosten: 200,00 EUR
   - ▶ Fertigungseinzelkosten: 70,00 EUR
   - ▶ Ist-Zuschlagssatz für die Materialgemeinkosten: 16,00 %
   - ▶ Ist-Zuschlagssatz für die Fertigungsgemeinkosten: 200,00 %
   - ▶ Ist-Zuschlagssatz für die Verwaltungsgemeinkosten: 10,00 %
   - ▶ Ist-Zuschlagssatz für die Vertriebsgemeinkosten: 2,00 %

2. Erläutern Sie, welche Maßnahmen die BüKo OHG aufgrund der eingetretenen Tatsache ergreifen sollte.

   ▶ _____

   _____

   _____

   _____

   ▶ _____

   _____

   _____

   _____

   ▶ _____

   _____

   _____

12 Goette u.a. - ISBN 978-3-8120-1032-0

M1

		Kalkulationsschema mit Vorkalkulation und Nachkalkulation							
		Vorkalkulation (mit Normalkosten)				Nachkalkulation (mit Istkosten)			
Z.	Positionen	Zuschläge in %	Betrag in EUR	Hilfsspalten in %		Zuschläge in %	Betrag in EUR	Hilfsspalten in %	
1	Fertigungsmaterial (Materialeinzelkosten)		200,00		100,00				
2	+ Materialgemeinkosten (MGK)	15,00	30,00		15,00				
3	= Materialkosten		230,00		112,00				
4	Fertigungslöhne (Fertigungseinzelkosten)		70,00	100,00					
5	+ Fertigungsgemeinkosten (FGK)	210,00	147,00	210,00					
6	= Fertigungskosten		217,00	310,00					
7	= **Herstellkosten des Erzeugnisses**		**447,00**		100,00				
8	+ Verwaltungsgemeinkosten (VwGK)	7,00	31,29		7,00				
9	+ Vertriebsgemeinkosten (VtGK)	3,00	13,41		3,00				
10	= **Selbstkosten des Erzeugnisses**		**491,70**	100,00	110,00				
11	+ Gewinnzuschlag	10,00	49,17	10,00					
12	= Barverkaufspreis		540,87	110,00	97,00				
13	+ Kundenskonto	3,00	16,73		3,00				
14	= Zielverkaufspreis		557,60	95,00	100,00				
15	+ Kundenrabatt	5,00	29,35	5,00					
16	= **Listenverkaufspreis bzw. Angebotspreis (NETTO)**		**586,95**	100,00					

INFO-BOX

▶ Vorkalkulation
▶ Nachkalkulation

Nachkalkulation zur Überprüfung der Werte aus der Vorkalkulation

Ein wesentliches Ziel der bisherigen Arbeit bestand darin, den Kunden einen verlässlichen Verkaufspreis anzubieten, der wiederum auf verlässlichen und durchschnittlichen Selbstkosten basiert. Diese durchschnittlichen Selbstkosten bergen jedoch die Gefahr von Abweichungen: Auf der einen Seite können Kostenüberdeckungen eintreten, sodass die tatsächlichen Selbstkosten niedriger sind als geplant. Auf der anderen Seite können die Selbstkosten aber auch höher ausfallen als geplant (Kostenunterdeckung).

Eines jedoch steht fest und ist nicht veränderbar: Der Verkaufspreis an den Kunden sowie die damit verbundenen Kundenkonditionen wie Rabatt und Skonto. Im Endeffekt wird also der Barverkaufspreis der Betrag sein, der dem liefernden Unternehmen zufließt. Denn: Nachdem der Kaufvertrag geschlossen worden ist, spielt die Kostensituation des Lieferers für den Kunden keine Rolle mehr. Preisanpassungen sind dann nur noch im Rahmen von Nachverhandlungen, die oftmals erst für eine spätere Rechnungsperiode greifen, möglich.

Beispiel zur Nachkalkulation inklusive des Vergleichs mit der Vorkalkulation (der Kalkulation zur Ermittlung des Angebotspreises):

Es handelt sich um die Fortsetzung des Beispiels aus der letzten Info-Box (siehe S. 79f.). Auf Basis der Normalzuschlagssätze wurden Selbstkosten in Höhe von 443,87 EUR und ein Angebotspreis (Listenverkaufspreis) in Höhe von 590,80 EUR **netto** ermittelt.

Nachdem die Rechnungsperiode abgeschlossen ist, erstellt das Unternehmen eine Nachkalkulation, zu der folgende Istwerte vorliegen:

Die geplanten Materialeinzelkosten in Höhe von 100,00 EUR und die Fertigungslöhne in Höhe von 150,00 EUR haben keine Änderung erfahren. Bei den Zuschlagssätzen jedoch kam es zu einigen Abweichungen:

- Ist-Zuschlagssatz für die Materialgemeinkosten: 15,00 %
- Ist-Zuschlagssatz für die Fertigungsgemeinkosten: 80,00 %
- Ist-Zuschlagssatz für die Verwaltungsgemeinkosten: 6,00 %
- Ist-Zuschlagssatz für die Vertriebsgemeinkosten: 14,00 %

Das nachfolgende Kalkulationsschema besteht aus einer Vorkalkulation und wurde um die Nachkalkulation ergänzt. Somit sind beide Verfahren direkt nebeneinander dargestellt und erlauben auf einen Blick das Erkennen der entscheidenden Veränderung.

Beachten Sie für das Nachvollziehen der folgenden Berechnungen auch die dazugehörigen Hinweise, die im Anschluss aufgeführt sind. Die senkrecht eingezeichneten **roten Pfeile** geben die Rechenrichtung an.

Z.	Positionen	Vorkalkulation (mit Normalkosten)			Nachkalkulation (mit Istkosten)		
		Zuschläge in %	Betrag in EUR	Hilfsspalten in %	Zuschläge in %	Betrag in EUR	Hilfsspalten in %
1	Fertigungsmaterial (Materialeinzelkosten)		100,00	100,00		100,00	100,00
2	+ Materialgemeinkosten (MGK)	18,00	18,00	18,00	15,00	15,00	15,00
3	= Materialkosten		118,00	118,00		115,00	115,00
4	Fertigungslöhne (Fertigungseinzelkosten)		150,00	100,00		150,00	100,00
5	+ Fertigungsgemein-kosten (FGK)	70,00	105,00	70,00	80,00	120,00	80,00
6	= Fertigungskosten		255,00	170,00		270,00	180,00
7	= **Herstellkosten des Erzeugnisses**		373,00	100,00		385,00	100,00
8	+ Verwaltungsgemein-kosten (VwGK)	9,00	33,57	9,00	6,00	23,10	6,00
9	+ Vertriebsgemein-kosten (VtGK)	10,00	37,30	10,00	14,00	53,90	14,00
10	= **Selbstkosten des Erzeugnisses**		**443,87**	100,00 119,00		**462,00**	**100,00** 120,00
11	+ Gewinnzuschlag	15,00	66,58	15,00	**10,49**	**48,45**	**10,49**
12	= Barverkaufspreis		510,45	115,00 96,00		510,45	**110,49** 96,00
13	+ Kundenskonto	4,00	21,27	4,00	4,00	21,27	4,00
14	= Zielverkaufspreis		531,72	90,00 100,00		531,72	90,00 100,00
15	+ Kundenrabatt	10,00	59,08	10,00	10,00	59,08	10,00
16	= **Listenverkaufspreis bzw. Angebotspreis (NETTO)**		**590,80**	100,00		**590,80**	100,00

Hinweise zu den Berechnungen:

Schrittfolge bzw. Zeilenangabe	Inhalte
Zeile 1 bis Zeile 16 der Vorkalkulation	Die Zeilen 1 bis 16 der Vorkalkulation sind Ihnen bekannt. Sie bilden noch einmal das Beispiel aus der letzten Info-Box ab, zu dem mit den bekannten Normalzuschlagssätzen kalkuliert worden ist.
Zeile 1 bis Zeile 10 der Nachkalkulation	In diesen Zeilen ist die tatsächliche Zusammensetzung der Selbstkosten dargestellt. Es lässt sich erkennen, dass die tatsächlichen Selbstkosten in Höhe von 462,00 EUR über den geplanten Selbstkosten in Höhe von 443,87 EUR liegen.
Zeile 12 bis Zeile 16 der Nachkalkulation	Diese Zeilen greifen den eingangs genannten Gedanken auf, dass der Verkaufspreis an den Kunden in Höhe von 590,80 EUR für die aktuelle Situation unveränderbar ist und somit (nach Abzug der Kundenkonditionen) der Barverkaufspreis in Höhe von 510,45 EUR dem Unternehmen zufließt.
Zeile 11	Aus der Differenz zwischen dem feststehenden Barverkaufspreis in Höhe von 510,45 EUR und den tatsächlich entstandenen Selbstkosten (Istkosten) in Höhe von 462,00 EUR ergibt sich der tatsächlich erzielte Gewinn dieses Auftrags in Höhe von 48,45 EUR. Geplant jedoch war ein Gewinn in Höhe von 15,00 % bzw. 66,58 EUR. Der tatsächlich realisierte Gewinn in Höhe von 48,45 EUR entspricht nunmehr einem Gewinnzuschlag in Höhe von 10,49 %. ▶ Differenz-kalkulation

Beachten Sie: Auch hier werden die Berechnungen „vom Hundert" vorgenommen. Unter Zuhilfenahme eines Dreisatzes lässt sich die Berechnung des tatsächlich erzielten Gewinnzuschlags wie folgt darstellen:

Selbstkosten: 462,00 EUR = 100 %
Gewinnzuschlag: 48,45 EUR = x % → $x = \dfrac{100\,\% \cdot 48,45\ \text{EUR}}{462,00\ \text{EUR}} = 10,49\,\%$ |

Vertiefende Aufgaben

1. Die BüKo OHG erhält eine Anfrage für einen Bürostuhl, zu dem folgende Daten bekannt sind:

– Materialeinzelkosten/Fertigungsmaterial:	120,00 EUR
– Fertigungseinzelkosten/Fertigungslöhne:	100,00 EUR
– Gewinnzuschlag:	30,00 %
– Kundenskonto:	5,00 %
– Kundenrabatt:	20,00 %

Die durchschnittlichen Gemeinkostenzuschlagssätze der letzten Monate gestalten sich wie folgt:

	Soll
MGK	13,00 %
FGK	65,00 %
VwGK	12,00 %
VtGK	7,00 %

a) Ermitteln Sie den Listenverkaufspreis (Angebotspreis) unter Berücksichtigung der o. g. Daten.

b) Nach erfolgter Auslieferung an den Kunden sollen Sie den Auftrag einer abschließenden Prüfung unterziehen. Hierzu erhalten Sie nebenstehende Gemeinkostenzuschlagssätze der aktuellen Rechnungsperiode (Istwerte):

	Ist
MGK	14,00 %
FGK	60,00 %
VwGK	11,38 %
VtGK	6,72 %

Erstellen Sie die Nachkalkulation und berechnen Sie den tatsächlich erzielten Gewinn in EUR und in Prozent.

2. Die BüKo OHG hat im Rahmen einer Vorkalkulation (mit Normalkosten) den unten aufgeführten Angebotspreis errechnet.

Für die erforderliche Nachkalkulation sind bei den Einzelkosten keine Abweichungen festgestellt worden. Die Zuschlagssätze der Istgemeinkosten lauten:

- Materialgemeinkosten: 8,00 %
- Fertigungsgemeinkosten: 155,00 %
- Verwaltungsgemeinkosten: 7,00 %
- Vertriebsgemeinkosten: 3,00 %

a) Erstellen Sie die Nachkalkulation und berechnen Sie den tatsächlich erzielten Gewinn in EUR und in Prozent.

		Kalkulationsschema mit Vorkalkulation und Nachkalkulation							
		Vorkalkulation (mit Normalkosten)				Nachkalkulation (mit Istkosten)			
Z.	Positionen	Zuschläge in %	Betrag in EUR	Hilfsspalten in %		Zuschläge in %	Betrag in EUR	Hilfsspalten in %	
1	Fertigungsmaterial (Materialeinzelkosten)		45,00		100,00				
2	+ Materialgemeinkosten (MGK)	10,00	4,50		10,00				
3	= Materialkosten		49,50		110,00				
4	Fertigungslöhne (Fertigungseinzelkosten)		14,00	100,00					
5	+ Fertigungsgemein-kosten (FGK)	160,00	22,40	160,00					
6	= Fertigungskosten		36,40	260,00					
7	= **Herstellkosten des Erzeugnisses**		**85,90**		100,00				
8	+ Verwaltungsgemein-kosten (VwGK)	8,00	6,87		8,00				
9	+ Vertriebsgemein-kosten (VtGK)	4,00	3,44		4,00				
10	= **Selbstkosten des Erzeugnisses**		**96,21**	100,00	112,00				
11	+ Gewinnzuschlag	8,00	7,70	8,00					
12	= Barverkaufspreis		103,91	108,00	98,00				
13	+ Kundenskonto	2,00	2,12		2,00				
14	= Zielverkaufspreis		106,03	95,00	100,00				
15	+ Kundenrabatt	5,00	5,58	5,00					
16	= **Listenverkaufspreis bzw. Angebotspreis (NETTO)**		**111,61**	100,00					

b) Erarbeiten Sie einen Vorschlag, wie die BüKo OHG aufgrund der eingetretenen Gewinnveränderung reagieren sollte.

3. Die Öko-Tex GmbH hat auf Basis der nachfolgend aufgeführten Vorkalkulation mit der Klein KG, einem Textilgroßhandel, einen Kaufvertrag über eine Warenlieferung abgeschlossen.

Nach Abschluss des Vertrages wurden die tatsächlichen Kosten des Abrechnungsmonats ermittelt. Da die Zuschneidemaschine nicht richtig eingestellt war, belief sich der Materialverbrauch für diesen Auftrag auf 121 Meter. In der Vorkalkulation wurde mit 120 Metern gerechnet. Wie in der Vorkalkulation wurde der laufende Meter mit 11,00 EUR angesetzt. Die Arbeitszeit entsprach den vorher kalkulierten 20 Stunden. Die Istzuschlagssätze ergaben sich wie folgt:

Kostenstellen			
Material	Fertigung	Verwaltung	Vertrieb
11,00 %	205,00 %	9,0 %	6,5 %

a) Führen Sie eine Nachkalkulation des Auftrags durch und ermitteln Sie den tatsächlich erzielten Gewinn in EUR und in Prozent.

Kalkulationsschema mit Vorkalkulation und Nachkalkulation								
		Vorkalkulation (mit Normalkosten)			Nachkalkulation (mit Istkosten)			
Z.	Positionen	Zuschläge in %	Betrag in EUR	Hilfsspalten in %		Zuschläge in %	Betrag in EUR	Hilfsspalten in %
1	Fertigungsmaterial (Materialeinzelkosten)		1.320,00		100,00			
2	+ Materialgemeinkosten (MGK)	12,00	158,40		12,00			
3	= Materialkosten		1.478,40		112,00			
4	Fertigungslöhne (Fertigungseinzelkosten)		1.100,00	100,00				
5	+ Fertigungsgemein-kosten (FGK)	210,00	2.310,00	210,00				
6	= Fertigungskosten		3.410,00	310,00				
7	= **Herstellkosten des Erzeugnisses**		**4.888,40**		100,00			
8	+ Verwaltungsgemein-kosten (VwGK)	8,50	415,51		8,50			
9	+ Vertriebsgemein-kosten (VtGK)	6,20	303,08		6,20			
10	= **Selbstkosten des Erzeugnisses**		**5.606,99**	100,00	114,70			
11	+ Gewinnzuschlag	8,00	448,56	8,00				
12	= Barverkaufspreis		6.055,55	108,00	97,00			
13	+ Kundenskonto	3,00	187,29		3,00			
14	= Zielverkaufspreis		6.242,84	94,00	100,00			
15	+ Kundenrabatt	6,00	398,48	6,00				
16	= **Listenverkaufspreis bzw. Angebotspreis (NETTO)**		**6.641,32**	100,00				

b) Angenommen, die Klein KG hat noch einmal nachverhandelt und dabei eine Rabatterhöhung um 4 % auf 10 % erreicht. Die Öko-Tex GmbH geht einmalig auf diesen Vorschlag ein. Berechnen Sie die Auswirkung auf den tatsächlich erzielten Gewinn.

4. Die BüKo OHG erhielt von der Color Chemie AG den Auftrag, acht Seminarstühle „Ergo Sim®" zu liefern, und kalkulierte den Angebotspreis auf Basis der Normalkosten wie nachfolgend aufgeführt.

Am Ende des Monats wurde bezüglich dieses Auftrags eine Überprüfung durchgeführt. Entgegen der geplanten Werte aus der Vorkalkulation ergaben sich die folgenden tatsächlichen Verbrauchswerte:

- Holzverbrauch für einen Stuhl: $1,1 m^2$ mit 19,50 EUR pro m^2 Holz.
- Montagezeit des Stuhls: 1,0 Stunden, wobei der Stundensatz der Vorkalkulation in Höhe von 51,00 EUR eingehalten wurde.
- Im BAB der Abrechnungsperiode ergaben sich die folgenden Istgemeinkostenzuschlagssätze: Material = 11,00 %, Fertigung = 170,00 %, Verwaltung = 5,10 % und Vertrieb = 2,50 %.

a) Führen Sie die Nachkalkulation für die acht Seminarstühle durch!

		Kalkulationsschema mit Vorkalkulation und Nachkalkulation					
		Vorkalkulation (mit Normalkosten)			Nachkalkulation (mit Istkosten)		
Z.	Positionen	Zuschläge in %	Betrag in EUR	Hilfsspalten in %	Zuschläge in %	Betrag in EUR	Hilfsspalten in %
1	Fertigungsmaterial (Materialeinzelkosten)		152,00		100,00		
2	+ Materialgemeinkosten (MGK)	12,00	18,24		12,00		
3	= Materialkosten		170,24		112,00		
4	Fertigungslöhne (Fertigungseinzelkosten)		448,80	100,00			
5	+ Fertigungsgemeinkosten (FGK)	160,00	718,08	160,00			
6	= Fertigungskosten		1.166,88	260,00			
7	= Herstellkosten des Erzeugnisses		1.337,12		100,00		
8	+ Verwaltungsgemeinkosten (VwGK)	5,00	66,86		5,00		
9	+ Vertriebsgemeinkosten (VtGK)	3,00	40,11		3,00		
10	= Selbstkosten des Erzeugnisses		1.444,09	100,00	108,00		
11	+ Gewinnzuschlag	5,00	72,20	5,00			
12	= Barverkaufspreis		1.516,29	105,00	98,00		
13	+ Kundenskonto	2,00	30,94		2,00		
14	= Zielverkaufspreis		1.547,23	90,00	100,00		
15	+ Kundenrabatt	10,00	171,91	10,00			
16	= Listenverkaufspreis bzw. Angebotspreis (NETTO)		1.719,14	100,00			

b) Ermitteln Sie die Gewinnveränderung!

3.8 Exkurs I: Der erweiterte Betriebsabrechnungsbogen

▶ **Fallsituation:** **Ungenauigkeiten in der Kostenstellenrechnung?**

Ein schöner Morgen im erwachenden Köln. Noch scheint die Welt in Ordnung zu sein. Die Verwendung von Ist- und Normalzuschlagssätzen und die daraus resultierenden Kostenüber- und Unterdeckungen erwiesen sich als doch nicht so schlimm, wie zunächst befürchtet. Und auch die Kalkulation eines Verkaufspreises bereitet der Auszubildenden Carina Crämer von nun an keine Probleme mehr … Blicken wir nach vorne!

Frau Straub:	Guten Morgen, Carina! Unser Chef war heute schon kurz bei mir und berichtete über Schwierigkeiten mit einem Kunden. Diesem Kunden liegt ein Angebot vor, mit dem ein Schrank – ähnlich einem aus unserem Sortiment – zu einem günstigeren Preis angeboten wird. Der Chef ist der Meinung, dass dies überhaupt nicht möglich sein kann, zumal wir unseren Maschinenpark in den letzten Jahren deutlich modernisiert haben. Er ist der Ansicht, dass wir aufgrund von Ungenauigkeiten in der Kostenstellenrechnung zu hohe Selbstkosten bzw. Herstellkosten für den Schrank ausweisen. Dies sei der Grund dafür, dass wir keinen marktgerechten Preis anbieten können.
Carina:	Was genau meinen Sie mit Ihrer Aussage „Ungenauigkeiten in der Kostenstellenrechnung"?
Frau Straub:	Nun, es besteht der Verdacht, dass eine Kostenstelle „Fertigung" für unser Unternehmen nicht aussagekräftig genug sei. Es ist von Herrn Nolte gewünscht, dass wir diese Kostenstelle „Fertigung" in zwei Bereiche unterteilen:

  • die **Teilefertigung** und

  • die **Montage der Erzeugnisse**.

	Er begründet dies u.a. damit, dass der moderne Maschinenpark im Gemeinkostenbereich zwar hohe Hilfslöhne verursacht, die eigentlichen Fertigungslöhne jedoch auf einem sehr niedrigen Niveau sind. Die neueste Technik der Maschinen lässt es zu, dass diese auch von angelernten Mitarbeitern bedient werden können, und dies im Gegenteil zur Kostenstelle „Montage". Dort ist Facharbeit und holztechnisches Wissen gefragt, sodass wir dort einen recht hohen Anteil an Fertigungslöhnen aufweisen. Eine ähnliche Situation liegt bei den Abschreibungen vor. Der neue Maschinenpark verursacht hohe Abschreibungsbeträge. Die Montage hingegen wird nach wie vor von der Handarbeit beherrscht, die nicht ohne Weiteres durch Maschinen zu ersetzen ist.
Carina:	Okay, d.h., **wir müssen den BAB** in der Kostenstelle „Fertigung" **erweitern,** oder?
Frau Straub:	Genau! Wir sprechen dann von einem erweiterten BAB. Betrachten Sie bitte **M2** . Dort sind die o.g. Aspekte bereits berücksichtigt worden. Die Kostenstelle „Fertigung" teilt sich auf in die Bereiche „Teilefertigung" und „Montage". Wichtig ist nun, dass wir für beide Teilbereiche einen eigenen Fertigungsgemeinkostenzuschlagssatz ermitteln. Haben Sie eine Idee, welche Angaben wir hierzu benötigen?
Carina:	Zuschlagsgrundlage für die Kostenstelle „Fertigung" waren bislang immer die Fertigungslöhne. Bleibt dies nun so?

Frau Straub: Ja, es bleibt so. Allerdings benötigen wir detaillierte Angaben, und zwar die Fertigungslöhne der beiden Fertigungskostenstellen. Diese sollen in unserem Beispiel betragen:

- 160.000,00 EUR für die Kostenstelle „Teilefertigung",
- 400.000,00 EUR für die Kostenstelle „Montage".

Im einfachen BAB gehen wir von folgenden Werten aus:
- Fertigungsmaterial Schrank = 150,00 EUR
- Fertigungsmaterial Stuhl = 80,00 EUR
- Fertigungslöhne Schrank = 160,00 EUR
- Fertigungslöhne Stuhl = 192,00 EUR

Im erweiterten BAB gelten folgende Werte:
- Das **Fertigungsmaterial** bleibt bei Schrank und Stuhl selbstverständlich bei den Werten aus dem einfachen BAB.
- Für die **Fertigungslöhne** gelten folgende Werte:
  - Fertigungslöhne Schrank in der Fertigungsstelle I = 40,00 EUR.
  - Fertigungslöhne Schrank in der Fertigungstelle II = 120,00 EUR.
  - Fertigungslöhne Stuhl in der Fertigungsstelle I = 90,00 EUR
  - Fertigungslöhne Stuhl in der Fertigungsstelle II = 102,00 EUR.

Und wenn Sie diese beiden Werte addieren, dann sehen Sie, dass in Summe 560.000,00 EUR dabei herauskommen. Wie Sie **M1** (S. 98) entnehmen können, entspricht dies unserem ursprünglichen Wert der Fertigungslöhne, als wir noch keine Unterteilung vorgenommen hatten.

Das Gleiche gilt übrigens auch für die Fertigungsgemeinkosten! Sie sehen also, dass wir die Fertigungslöhne und die Fertigungsgemeinkosten lediglich aufgeteilt haben. Lassen Sie uns nun die Berechnungen zum Ende bringen. Denken Sie beim Kalkulationsschema daran, dass Sie die Fertigungskosten für beide Kostenstellen berechnen!

Erkennen Sie? Die Gesamtsumme der Löhne entspricht wieder den Fertigungslöhnen des einfachen BAB!

Anwendungsaufgaben

1. Sichten Sie die nachfolgenden Materialien! **M1** (S. 98) ist ein BAB mit vier Kostenstellen. **M2** (S. 98) ist ein BAB mit fünf Kostenstellen. Hierbei wurde die Kostenstelle Fertigung in zwei Kostenstellen aufgeteilt.

   Vervollständigen Sie zunächst beide Betriebsabrechnungsbögen und ermitteln Sie mithilfe der Kalkulationsschemata **M3** (S. 99) und **M4** (S. 100) die gesamten Selbstkosten. Berücksichtigen Sie dabei einen Mehrbestand in Höhe von 45.000,00 EUR.

2. Ermitteln Sie nun in **M3** und **M4** die Selbstkosten für die beiden Erzeugnisse sowohl auf Grundlage der Daten des einfachen BAB als auch auf Grundlage der Daten des erweiterten BAB.

3. Erläutern Sie, warum es sinnvoll ist, eine Hauptkostenstelle aufzugliedern!

_____

_____

_____

_____

13 Goette u.a. - ISBN 978-3-8120-1032-0

Der „einfache" Betriebsabrechnungsbogen

Gemeinkostenart	Gesamt-betrag EUR (aus KLR)	Verteilungs-grundlage	Kostenstellen			
			Material EUR	Fertigung EUR	Verwaltung EUR	Vertrieb EUR
Hilfsstoffe	40.000,00	Entnahmescheine	0,00	40.000,00	0,00	0,00
Hilfslöhne	131.000,00	Lohnlisten	20.000,00	90.000,00	0,00	21.000,00
Gehälter	296.560,00	Gehaltslisten	30.000,00	110.000,00	124.080,00	32.480,00
Instandhaltung	20.000,00	Rechnungen	0,00	15.000,00	3.000,00	2.000,00
Strom	4.600,00	kWh	400,00	2.800,00	600,00	800,00
Wasser	2.700,00	m³	200,00	1.600,00	300,00	600,00
Büromaterial	25.800,00	Rechnungen	2.600,00	10.400,00	9.800,00	3.000,00
Kfz-Aufwand	22.140,00	km	1.000,00	5.200,00	3.940,00	12.000,00
Abschreibungen	85.800,00	Anlagenkartei	1.800,00	61.000,00	7.000,00	16.000,00
Summen: (d. h. Istgemeinkosten)	628.600,00					
Zuschlagsgrundlagen:			Fertigungs-material 400.000,00	Fertigungs-löhne 560.000,00		
Istzuschlagssätze:						

M2

Der „erweiterte" Betriebsabrechnungsbogen

Gemeinkostenart	Gesamt-betrag EUR (aus KLR)	Verteilungs-grundlage	Kostenstellen				
			Material EUR	Fertigung I Teileferti-gung EUR	Fertigung II Montage EUR	Verwaltung EUR	Vertrieb EUR
Hilfsstoffe	40.000,00	Entnahmescheine	0,00	25.000,00	15.000,00	0,00	0,00
Hilfslöhne	131.000,00	Lohnlisten	20.000,00	70.000,00	20.000,00	0,00	21.000,00
Gehälter	296.560,00	Gehaltslisten	30.000,00	85.000,00	25.000,00	124.080,00	32.480,00
Instandhaltung	20.000,00	Rechnungen	0,00	10.000,00	5.000,00	3.000,00	2.000,00
Strom	4.600,00	kWh	400,00	2.000,00	800,00	600,00	800,00
Wasser	2.700,00	m³	200,00	1.400,00	200,00	300,00	600,00
Büromaterial	25.800,00	Rechnungen	2.600,00	5.200,00	5.200,00	9.800,00	3.000,00
Kfz-Aufwand	22.140,00	km	1.000,00	2.600,00	2.600,00	3.940,00	12.000,00
Abschreibungen	85.800,00	Anlagenkartei	1.800,00	46.000,00	15.000,00	7.000,00	16.000,00
Summen: (d. h. Istgemeinkosten)	628.600,00						
Zuschlagsgrundlagen:							
Istzuschlagssätze:							

Das Kalkulationsschema für den „einfachen" BAB   M3

Kalkulationsschema

	gesamt EUR	Kostenträger	
		Erzeugnis Schrank EUR	Erzeugnis Stuhl EUR
Fertigungsmaterial (Materialeinzelkosten)			
+ Materialgemeinkosten (MGK) _____			
= Materialkosten			
Fertigungslöhne (Fertigungseinzelkosten)			
+ Fertigungsgemeinkosten (FGK) _____			
= Fertigungskosten			
= Herstellkosten der Erzeugung			
− Mehrbestand an fertigen/unfertigen Erzeugnissen			
+ Minderbestand an fertigen/unfertigen Erzeugnissen			
= Herstellkosten des Umsatzes			
+ Verwaltungsgemeinkosten (VwGK) _____			
+ Vertriebsgemeinkosten (VtGK) _____			
= Selbstkosten des Umsatzes			

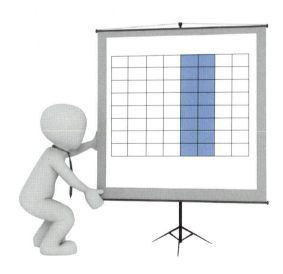

Das Kalkulationsschema für den „erweiterten" BAB			
Kalkulationsschema			
	gesamt EUR	Kostenträger	
		Erzeugnis Schrank EUR	Erzeugnis Stuhl EUR
Fertigungsmaterial (Materialeinzelkosten)			
+ Materialgemeinkosten (MGK) _____			
= Materialkosten			
Fertigungslöhne (Fertigungseinzelk.) **I Teilefertigung**			
+ Fertigungsgemeinkosten (FGK) _____			
= Fertigungskosten **I Teilefertigung**			
Fertigungslöhne (Fertigungseinzelk.) **II Montage**			
+ Fertigungsgemeinkosten (FGK) _____			
= Fertigungskosten **II Montage**			
= **Herstellkosten der Erzeugung**			
− Mehrbestand an fertigen/unfertigen Erzeugnissen			
+ Minderbestand an fertigen/unfertigen Erzeugnissen			
= **Herstellkosten des Umsatzes**			
+ Verwaltungsgemeinkosten (VwGK) _____			
+ Vertriebsgemeinkosten (VtGK) _____			
= **Selbstkosten des Umsatzes**			

FGK (Fertigungsgemeinkostenzuschlagssatz)		
I Maschinen	$= \dfrac{\text{Fertigungsgemeinkosten I} \cdot 100}{\text{Fertigungslöhne I}} =$	
II Montage	$= \dfrac{\text{Fertigungsgemeinkosten II} \cdot 100}{\text{Fertigungslöhne II}} =$	

3.9 Exkurs II: Der mehrstufige Betriebsabrechnungsbogen mit allgemeinen Kostenstellen und Hilfskostenstellen

▶ **Fallsituation:** **Weitere Verfeinerungen der Kostenstellenrechnung**

Frau Straub: Hallo, Carina! Der letzte Teil beginnt nun. Ich hoffe, Sie sind noch aufnahmefähig! In den meisten Industriebetrieben gibt es Bereiche, die ausschließlich Leistungen für den eigenen Betrieb (also innerbetriebliche Leistungen) erbringen. Dazu gehören z. B. betriebliche Sozialeinrichtungen wie Werkskindergärten oder die Kantine.

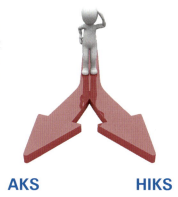

AKS   HIKS

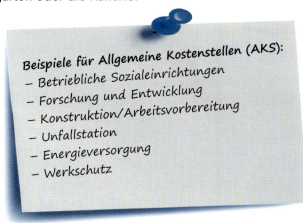

Beispiele für Allgemeine Kostenstellen (AKS):
– Betriebliche Sozialeinrichtungen
– Forschung und Entwicklung
– Konstruktion/Arbeitsvorbereitung
– Unfallstation
– Energieversorgung
– Werkschutz

Carina: Aber wie sollen die Gemeinkosten dieser Kostenstellen im BAB behandelt werden?

Frau Straub: Die Leistungen dieser Abteilungen kommen allen anderen Kostenstellen zugute, doch wurden sie in den bisher gezeigten Betriebsabrechnungsbögen nicht ausdrücklich aufgeführt. Sie waren der Einfachheit halber anderen Kostenstellen zugeordnet worden.

Carina: Aha, das bedeutet also, dass wir es mit noch mehr Kostenstellen zu tun haben werden?

Frau Straub: Richtig! Will man diese Bereiche ebenfalls in die Kostenkontrolle mithilfe des BAB einbeziehen, muss man ihre Gemeinkosten in besonderen Kostenstellen, den **„Allgemeinen Kostenstellen (AKS)"**, erfassen.

Sie müssen wissen, dass wir hierfür jedoch keine Zuschlagssätze bilden! Die in diesen Kostenstellen ermittelten Gemeinkostensummen werden auf alle nachfolgenden Kostenstellen umgelegt, d. h. verteilt. Je nach Art der umzulegenden Kostenstelle existieren entweder besondere Aufzeichnungen, nach denen verteilt werden kann, oder aber verschiedene Umlageschlüssel. Wir sehen uns das gleich am Beispiel unserer Allgemeinen Kostenstelle „Werksschutz" an.

Carina: Okay, verstanden! Herr Nolte erwähnte kürzlich, dass er für die Abteilungen „Arbeitsvorbereitung" und „Werkzeugbau" jeweils eine eigenständige Kostenstelle einrichten möchte. Er begründet dies damit, dass beide Bereiche zum Teil recht hohe Gemeinkosten verursachen.

Weiterhin benötigte Angaben:

- Summe der Stellengemeinkosten «Werkschutz» = 7.200,00 EUR
- Summe der Stellengemeinkosten «Werkzeugbau» = 3.800,00 EUR
- Summe der Stellengemeinkosten «Arbeitsvorbereitung» = 8.600,00 EUR
- Verteilungsschlüssel «Werkschutz» = 2 : 0,5 : 1 : 1,5 : 3 : 4 : 2,5 : 3,5
- Verteilungsschlüssel «Werkzeugbau» = 1 : 0 : 4
- Verteilungsschlüssel «Arbeitsvorbereitung» = 1 : 4 : 7
- Mehrbestand an fertigen/unfertigen Erzeugnissen = 25.000,00 EUR
- Zuschlagsgrundlagen:
  - Fertigungsmaterial (FM) = 200.000,00 EUR
  - Fertigungslöhne I (FL I) Zuschnitt = 25.000,00 EUR
  - Fertigungslöhne II (FL II) Teilefertigung = 30.000,00 EUR
  - Fertigungslöhne III (FL III) Montage = 40.000,00 EUR
  - Herstellkosten des Umsatzes = ?

Frau Straub: Ja, das hat er vor. Beide Bereiche – sowohl die Arbeitsvorbereitung als auch der Werkzeugbau – sind zwar nicht unmittelbar an der Fertigung beteiligt, aber beide leisten wertvolle Vorarbeit, damit eine rationelle Fertigung möglich ist. Die Leistungen dieser sogenannten **Hilfskostenstellen (HIKS)** werden in sehr unterschiedlichem Maße von den **Fertigungshauptstellen** in Anspruch genommen. Unser internes Erfassungssystem erlaubt uns eine direkte Verteilung der dort entstandenen Kosten, andernfalls greifen wir auch hier auf bestimmte Verteilungsschlüssel zurück.

Carina: Na, dann lege ich mal los. Dazu benötige ich doch bestimmt noch verschiedene Angaben?!

Frau Straub: Betrachten Sie die Materialien **M1** und **M2**. Dort finden Sie alle Angaben, die Sie zur Lösung dieser Problemstellung benötigen. Aber erschrecken Sie nicht: Als Anschauungsobjekt habe ich einen stark vereinfachten BAB herangezogen. Die Summen der Stellengemeinkosten habe ich Ihnen vorgegeben!

Anwendungsaufgaben

1. Vervollständigen Sie mithilfe der vorangestellten Informationen den erweiterten und mehrstufigen Betriebsabrechnungsbogen **M1**.

2. Ermitteln Sie auf Basis des vervollständigten Betriebsabrechnungsbogens die Selbstkosten des Umsatzes. Nutzen Sie hierzu das Kalkulationsschema **M2**.

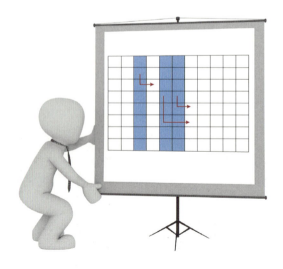

Erweiterter und mehrstufiger Betriebsabrechnungsbogen (BAB) für den Zeitraum: …

| Gemeinkostenart | Gesamt-betrag EUR (aus KLR) | AKS Werksschutz EUR | Material EUR | Fertigungshilfsstellen | | Fertigungshauptstellen | | | Verwaltung EUR | Vertrieb EUR |
				Werkzeugbau EUR	Arbeits-vorbereitung EUR	Fertigung I Zuschnitt EUR	Fertigung II Teilefertigung EUR	Fertigung III Montage EUR		
Hilfsstoffe										
Hilfslöhne										
Gehälter										
Instandhaltung										
Strom										
Abschreibungen										
Summen:	214.000,00		18.200,00			22.350,00	18.300,00	93.950,00	20.000,00	21.600,00
Umlage allgemeine Kostenstelle										
Zwischensummen										
Umlage Werkzeugbau										
Umlage Arbeitsvorbereitung										
Stellengemeinkosten										
Zuschlagsgrundlagen:										
Istzuschlagssätze:										

Kostenstellen

Kalkulationsschema	gesamt in EUR	Istzuschlagssätze in %
Fertigungsmaterial (Materialeinzelkosten)		
+ Materialgemeinkosten (MGK)		
= Materialkosten		
Fertigungslöhne (Fertigungseinzelkosten) **I Zuschnitt**		
+ Fertigungsgemeinkosten (FGK)		
= Fertigungskosten **I Zuschnitt**		
Fertigungslöhne (Fertigungseinzelkosten) **II Teilefertigung**		
+ Fertigungsgemeinkosten (FGK)		
= Fertigungskosten **II Teilefertigung**		
Fertigungslöhne (Fertigungseinzelkosten) **III Montage**		
+ Fertigungsgemeinkosten (FGK)		
= Fertigungskosten **III Montage**		
= Herstellkosten der Erzeugung		
− Mehrbestand an fertigen/unfertigen Erzeugnissen		
+ Minderbestand an fertigen/unfertigen Erzeugnissen		
= Herstellkosten des Umsatzes		
+ Verwaltungsgemeinkosten (VwGK)		
+ Vertriebsgemeinkosten (VtGK)		
= Selbstkosten des Umsatzes		

Vertiefende Aufgaben

1. Die Öko-Tex GmbH hat für den Monat Januar 20.. den nachfolgenden Betriebsabrechnungsbogen erstellt, zu dem u.a. die genannten Summen der verschiedenen Kostenstellen bekannt sind.

Darüber hinaus liegen folgende Informationen vor:
- Die Umlage der allgemeinen Kostenstelle Werksschutz soll im Verhältnis 1:1:6:6:4:2 auf die übrigen Kostenstellen erfolgen.
- Die Umlage der Fertigungshilfsstelle soll im Verhältnis 3:2 auf die Fertigungshauptstellen erfolgen.
- Die Herstellkosten des Umsatzes auf Istkostenbasis betragen 3.609.655,00 EUR.
- Die Zuschlagsgrundlagen lauten:

Fertigungsmaterial:	1.119.670,00 EUR
Fertigungslöhne I:	395.004,00 EUR
Fertigungslöhne II:	320.046,00 EUR

a) Vervollständigen Sie mithilfe der vorangestellten Informationen den erweiterten und mehrstufigen Betriebsabrechnungsbogen.

b) Ermitteln Sie die Höhe der Bestandsveränderungen, die auf Grundlage der o.g. Informationen zugrunde liegen. Handelt es sich um einen Mehr- oder einen Minderbestand?

c) Ermitteln Sie auf Basis des vervollständigten Betriebsabrechnungsbogens die Selbstkosten des Umsatzes auf Istkostenbasis.

d) Das Unternehmen hat auf Grundlage der vergangenen Perioden auch Normalzuschlagssätze ermittelt. Diese betragen:

Material:	30,00 %
Fertigung I:	200,00 %
Fertigung II:	215,00 %
Verwaltung:	20,00 %
Vertrieb:	10,00 %

Führen Sie die Kostenrechnung mit Normalzuschlagssätzen durch und errechnen Sie die Kostenüber- bzw. Kostenunterdeckungen in den einzelnen Kostenbereichen und insgesamt.

e) Ermitteln Sie auch die Selbstkosten des Umsatzes auf Normalkostenbasis.

Erweiterter und mehrstufiger Betriebsabrechnungsbogen (BAB) für den Monat Januar 20 ..

Gemeinkostenart	Gesamtbetrag EUR (aus Ergebnistabelle, Spalte 7)	Allgemeine Kostenstelle	Material	Fertigungs-hilfsstelle	Kostenstellen Fertigungshauptstellen Fertigung I	Fertigung II	Verwaltung	Vertrieb
Hilfs-/Betriebsstoffe	64.500,00	2.250,00	3.000,00	9.000,00	20.250,00	24.000,00	750,00	5.250,00
Hilfslöhne	331.200,00	113.400,00	34.200,00	23.400,00	81.000,00	68.400,00	—	10.800,00
Gehälter	828.800,00	168.000,00	67.200,00	28.800,00	134.400,00	121.600,00	246.400,00	62.400,00
Sozialkosten	580.000,00	140.700,00	50.700,00	26.100,00	107.700,00	95.000,00	123.200,00	36.600,00
Werbung	120.000,00	—	20.000,00	—	15.000,00	15.000,00	20.000,00	50.000,00
Büromaterial	140.000,00	18.500,00	18.000,00	8.000,00	14.000,00	13.000,00	35.500,00	33.000,00
Miete	35.500,00	4.300,00	4.300,00	2.500,00	8.500,00	8.500,00	4.300,00	3.100,00
Steuern	71.000,00	9.000,00	8.000,00	5.000,00	12.000,00	10.000,00	18.000,00	9.000,00
Logistik	70.000,00	7.000,00	18.000,00	2.000,00	8.000,00	7.000,00	2.000,00	26.000,00
Instandhaltung	119.980,00	39.200,00	9.800,00	19.600,00	21.980,00	19.600,00	4.900,00	4.900,00
Kalk. Abschreibung	203.500,00	33.300,00	11.100,00	5.920,00	55.500,00	53.280,00	25.900,00	18.500,00
Kalk. Zinsen	192.500,00	31.500,00	10.500,00	5.600,00	52.500,00	50.400,00	24.500,00	17.500,00
Summen:	2.756.980,00	567.150,00	254.800,00	135.920,00	530.830,00	485.780,00	505.450,00	277.050,00
Umlage allgemeine Kostenstelle:								
Zwischensummen:								
Umlage Fertigungshilfsstelle:								
Istgemeinkosten:								
Zuschlagsgrundlagen:								
Istzuschlagssätze:								
Normalzuschlagssätze:								
Zuschlagsgrundlagen:								
Normalgemeinkosten:								
Kostenabweichung:								
Kostenabweichung gesamt								

Das Schema der Zuschlagskalkulation zur Ermittlung der Selbstkosten mit Vorkalkulation und Nachkalkulation				
	Vorkalkulation (Normalkosten)		Nachkalkulation (Istkosten)	
	Normal-gemeinkosten-zuschlagssatz	EUR Gesamt	Ist-gemeinkosten-zuschlagssatz	EUR Gesamt
Fertigungsmaterial (Materialeinzelkosten)				
+ Materialgemeinkosten (MGK)				
= Materialkosten				
Fertigungslöhne (Fertigungseinzelkosten) I				
+ Fertigungsgemeinkosten (FGK)				
= Fertigungskosten I				
Fertigungslöhne (Fertigungseinzelkosten) II				
+ Fertigungsgemeinkosten (FGK)				
= Fertigungskosten II				
= Herstellkosten der Erzeugung				
− Mehrbestand an fertigen/unfertigen Erzeugnissen				
+ Minderbestand an fertigen/unfertigen Erzeugnissen				
= Herstellkosten des Umsatzes				
+ Verwaltungsgemeinkosten (VwGK)				
+ Vertriebsgemeinkosten (VtGK)				
= Selbstkosten des Umsatzes				
	Verwenden Sie diese Spalten für die Aufgabenteile d) und e)		Verwenden Sie diese Spalten für die Aufgabenteile a) bis c)	

Kompetenzcheck

▶ **Kann-Liste: Vollkostenrechnung**

☐ Kostenartenrechnung

☐ Kostenstellenrechnung

☐ Betriebsabrechnungsbogen (BAB)

☐ Kostenträgerrechnung mittels Zuschlagskalkulation

Ich kann …	Information	Aufgaben	Eigene Kompetenzeinschätzung
Einzelkosten und Gemeinkosten unterscheiden und jeweils Beispiele nennen.	Kapitel 3.1	S. 47 f., Nr. 5, 6	
Gemeinkosten auf Kostenstellen verteilen.	Kapitel 3.1, 3.2 und 3.3	S. 48, Nr. 6 S. 51, Nr. 3 S. 55, Nr. 2 S. 59, Nr. 1	
Gemeinkostenzuschlagssätze ermitteln.	Kapitel 3.3	S. 55, Nr. 2 S. 60, Nr. 2, 3	
das Schema der Zuschlagskalkulation anwenden, um sowohl gesamte Selbstkosten einer Rechnungsperiode als auch Selbstkosten eines Kostenträgers zu bestimmen.	Kapitel 3.4	S. 61 f., Nr. 1 S. 64 ff., Nr. 1–3	
auf Basis der Normalkostenrechnung Kostenüber- und Kostenunterdeckungen ermitteln.	Kapitel 3.5	S. 71 ff., Nr. 1–5 S. 76 f., Nr. 1, 2	
auf Basis der Normalkostenrechnung eine Vorkalkulation für Kostenträger durchführen. (Bestimmung des Verkaufspreises).	Kapitel 3.6	S. 78, Nr. 1 S. 83 ff., Nr. 1–5	
im Rahmen einer Nachkalkulation Kosten- und Gewinnabweichungen ermitteln.	Kapitel 3.7	S. 89, Nr. 1 S. 92 ff., Nr. 1–4	
den erweiterten und auch mehrstufigen BAB anwenden.	Kapitel 3.8 und 3.9	S. 97, Nr. 1, 2 S. 102, Nr. 1, 2 S. 105 ff., Nr. 1	

 Wissen

 Fertigkeiten

 Sozialkompetenz

 Selbstständigkeit

4 Vollkostenrechnung: weitere Kostenrechnungssysteme

4.1 Den Maschinenstundensatz ermitteln

▶ **Fallsituation:** **Muss der Zuschlagssatz in der Fertigung angepasst werden?**

Der BAB mit all seinen Tücken bereitet Carina Crämer von nun an keine schlaflosen Nächte mehr. Aufbauend auf den bisherigen Erkenntnissen wagt sie sich mit Unterstützung von Frau Straub an das nächste Abenteuer: die Berechnung des Maschinenstundensatzes.

Carina:	Hallo, Frau Straub! In der Berufsschule haben wir jetzt intensiv den BAB behandelt. Verstanden habe ich dies soweit, ich frage mich nur, wie realistisch das Ganze ist. Ich meine, da wird ja zum Teil mit sehr hohen Zuschlagssätzen gearbeitet, manchmal weit über 100 %. Ob dies wohl so richtig ist?
Frau Straub:	Sie stellen da eine interessante Frage. Sind Sie in der letzten Zeit einmal durch unsere Produktionshallen gegangen? Dort befinden sich zahlreiche Maschinen. Denken Sie nur an das neue CNC-Bearbeitungszentrum, bei dem sechs Produktionsschritte in einem Arbeitsprozess erledigt werden können.
Carina:	Und was bedeutet das für den BAB und die Kalkulation?
Frau Straub:	Die Bedeutung ist enorm. Erst vergangene Woche, anlässlich der Möbelmesse, bekamen wir zu hören, dass unsere Preise im Vergleich zum Wettbewerb zu hoch sind. Erste Auftragsrückgänge lassen sich bereits verzeichnen. Das Controlling hat schon mehrfach darauf hingewiesen, dass die Einzelkosten und die Herstellkosten nur sehr eingeschränkt als Zuschlagsgrundlage für die Gemeinkosten geeignet sind.

> **Beachten Sie:**
> Ist die unterstellte Abhängigkeit der Gemeinkosten von ihrer Zuschlagsgrundlage in Wirklichkeit nicht gegeben, so entstehen Fehler: Die Produkte werden in falscher Höhe mit Gemeinkosten belastet, sodass Aufträge falsch kalkuliert werden.

Carina:	Sie meinen also, dass es in Betrieben mit weitgehend automatisierter Fertigung andere Zuschlagsgrundlagen geben muss, die der Verursachung von bestimmten Fertigungsgemeinkosten besser gerecht werden als die Fertigungslöhne?
Frau Straub:	Richtig! In „Industrie 4.0"-Zeiten ist durch den Einsatz von leistungsfähigen Maschinen der **Anteil der Fertigungslöhne an den gesamten Fertigungskosten** ständig zurückgegangen, sodass Fertigungsgemeinkostenzuschläge um 500 % keine Seltenheit mehr sind. Mit entsprechendem Risiko bei der Kalkulation! In der automatischen Fertigung, bei der nur noch wenige Mitarbeiter die teuren Anlagen beaufsichtigen und pflegen, ergäben sich sogar Zuschlagssätze von mehreren tausend Prozent. Aus zwei Gründen ist in solchen Fällen die Ihnen bekannte Zuschlagskalkulation zu ungenau:

- Durch die hohen Zuschlagssätze führen bereits kleine Ungenauigkeiten bei der Erfassung der Einzelkosten zu großen Fehlern in der Kalkulation.

- Da der größte Teil der Fertigungsgemeinkosten durch den Maschineneinsatz verursacht wird, besteht für diese keine direkte Abhängigkeit – man sagt auch Proportionalität – von den Fertigungslöhnen.

Kurzum: Beim Einsatz mechanisierter bzw. automatisierter Anlagen sind viele Fertigungsgemeinkosten nicht von der Höhe der Fertigungslöhne abhängig, sondern vom Maschineneinsatz. Seitens des Controllings wird daher vorgeschlagen, im Fertigungsbereich den **Maschinenplatz** jeder einzelnen Anlage **als eine eigene Fertigungshauptstelle** zu definieren. Ein genaues Verfahren besteht darin, die Fertigungsgemeinkosten in maschinenabhängige und fertigungslohnabhängige Gemeinkosten aufzuspalten. Letztere bezeichnet man als sog. Restgemeinkosten. Nur für diese sind nach wie vor die Fertigungslöhne die geeignete Zuschlagsgrundlage. Die maschinenabhängigen Kosten werden dagegen von der Maschinenlaufzeit bestimmt.

Carina: Okay, ich versuche zusammenzufassen:

- Um die **maschinenabhängigen Fertigungskosten** für einen Auftrag zu kalkulieren, muss man also nur die **Zeit der Maschinen-Inanspruchnahme mit dem Maschinenstundensatz multiplizieren!** Vorher ist es jedoch erforderlich, im BAB eine Aufteilung der Kostenarten in maschinenabhängige Gemeinkosten und Restgemeinkosten – also maschinenunabhängige Gemeinkosten – vorzunehmen.

- Für die Restgemeinkosten gilt, dass für diese Kosten, wie bisher auch, ein Fertigungsgemeinkostenzuschlagssatz auf Basis der Fertigungslöhne berechnet wird.

Haben Sie ein Beispiel zur Hand, mit dem wir noch einmal den Maschinenstundensatz im Detail berechnen können?

Frau Straub: Habe ich! Wir schauen uns hierzu einen vollständigen BAB an, bei dem wir von einer Maschinenlaufzeit von 150 Stunden ausgehen!

 INFO-BOX

Die Ermittlung des Maschinenstundensatzes

Mit zunehmender Automatisierung sinken die Fertigungslöhne. Auf der anderen Seite steigen durch diese zunehmende Automatisierung die Fertigungsgemeinkosten für Abschreibungen, Zinsen und Instandhaltung. Das „alte" Verfahren der Zuschlagskalkulation, bei dem alle Fertigungsgemeinkosten auf die Zuschlagsbasis „Fertigungslöhne" bezogen wurden, ist damit fragwürdig geworden.

Maschinenabhängige Fertigungsgemeinkosten	Lohnabhängige Fertigungsgemeinkosten (Restgemeinkosten)
• Kalkulatorische Abschreibungen • Kalkulatorische Zinsen • Anteilige Raumkosten • Maschinenabhängige Hilfsstoffkosten • Betriebsstoffkosten • Energiekosten • Wartungs- und Reinigungsarbeiten • Versicherungskosten	• Hilfslöhne • Gehälter • Sozialkosten • Heizungskosten • Betriebliche Steuern • Sonstige Gemeinkosten
Berechnung des Maschinenstundensatzes	**Berechnung des Restgemeinkostenzuschlagssatzes**
$$\frac{\text{Summe der maschinenabhängigen Fertigungsgemeinkosten}}{\text{Maschinenlaufstunden}}$$	$$\frac{\text{Restgemeinkosten} \cdot 100}{\text{Fertigungslöhne}}$$

Anwendungsaufgaben

1. Der BAB **M1** (siehe unten) zeigt in der Kostenstelle „Fertigung" die Gemeinkosten eines CNC-Bearbeitungszentrums.

   Lesen Sie die Info-Box (siehe S. 110) zur Ermittlung des Maschinenstundensatzes und nehmen Sie in **M2** (siehe S. 112) zunächst die Aufteilung der Gemeinkosten in der Kostenstelle „Fertigung" vor. Entscheiden Sie für jede Gemeinkostenart, ob es sich um maschinenabhängige Gemeinkosten oder um Restgemeinkosten handelt. Tragen Sie Ihre Entscheidungen in den BAB **M2** ein und ermitteln Sie den Maschinenstundensatz sowie den Zuschlagssatz für die Restgemeinkosten. Die Laufzeit der Maschine betrug im genannten Monat 150 Stunden.

Maschinenstundensatz „CNC-Bearbeitungszentrum"
$\dfrac{\text{maschinenabhängige Fert.-Gemeinkosten}}{\text{Laufzeit (Maschinenlaufstunden)}} =$

Restgemeinkostenzuschlagssatz „CNC-Bearbeitungszentrum"
$\dfrac{\text{Restgemeinkosten} \cdot 100}{\text{Fertigungslöhne}} =$

2. Vervollständigen Sie den BAB **M2**, indem Sie die Gemeinkostenzuschlagssätze für die Kostenstellen Material, Verwaltung und Vertrieb ermitteln. Ermitteln Sie auch die gesamten Selbstkosten für den Monat Juli, indem Sie das Kalkulationsschema **M3** (siehe S. 113) nutzen. Berücksichtigen Sie dabei einen insgesamt aufgetretenen Mehrbestand an unfertigen und fertigen Erzeugnissen in Höhe von 42.000,00 EUR.

3. Berechnen Sie die Selbstkosten für eine hochwertige Konferenztischplatte, für die folgende Details vorliegen: Fertigungsmaterial 12,00 EUR, Fertigungslöhne 80,00 EUR pro Stunde, Nutzung des CNC-Bearbeitungszentrums 15 Minuten. Nutzen Sie hierzu ebenfalls **M3**.

M1

Gemeinkostenart	Zahlen der BER (in EUR)	Material (in EUR)	Fertigung (CNC-Bearbeitungszentrum) (in EUR)	Verwaltung (in EUR)	Vertrieb (in EUR)
Hilfsstoffkosten	32.000,00	0,00	30.700,00	0,00	1.300,00
Betriebsstoffkosten	10.280,00	1.330,00	4.950,00	2.500,00	1.500,00
Hilfslöhne	5.200,00	0,00	5.200,00	0,00	0,00
Gehälter	59.700,00	9.100,00	5.500,00	36.000,00	9.100,00
Soziale Abgaben	47.760,00	7.280,00	4.400,00	28.800,00	7.280,00
Werbung	21.900,00	1.200,00	1.200,00	5.000,00	14.500,00
Büromaterial	2.910,00	800,00	500,00	810,00	800,00
Miete	4.750,00	700,00	1.250,00	2.000,00	800,00
Betriebliche Steuern	11.510,00	1.200,00	2.500,00	5.200,00	2.610,00
Instandhaltung	4.500,00	0,00	4.500,00	0,00	0,00
Kalk. Abschreibungen	37.450,00	3.650,00	17.500,00	9.500,00	6.800,00
Kalk. Zinsen	40.300,00	8.400,00	18.800,00	6.900,00	6.200,00
Summe Gemeinkosten	**278.260,00**	**33.660,00**	**97.000,00**	**96.710,00**	**50.890,00**
Zuschlagsgrundlage		Fertigungsmaterial 112.200,00	Fertigungslöhne 96.500,00	Herstellkosten des Umsatzes 339.360,00	

BAB für den Monat Juli 20..

Gemeinkostenart	Zahlen der BER (in EUR)	Material (in EUR)	Fertigung (CNC-Bearbeitungszentrum)		Verwaltung (in EUR)	Vertrieb (in EUR)
BAB für den Monat Juli 20.. mit Maschinenplatz als Kostenstelle			maschinenabhängige FGK (in EUR)	Restgemeinkosten (in EUR)		
Hilfsstoffkosten	32.000,00	0,00			0,00	1.300,00
Betriebsstoffkosten	10.280,00	1.330,00			2.500,00	1.500,00
Hilfslöhne	5.200,00	0,00			0,00	0,00
Gehälter	59.700,00	9.100,00			36.000,00	9.100,00
Soziale Abgaben	47.760,00	7.280,00			28.800,00	7.280,00
Werbung	21.900,00	1.200,00			5.000,00	14.500,00
Büromaterial	2.910,00	800,00			810,00	800,00
Miete	4.750,00	700,00			2.000,00	800,00
Betriebliche Steuern	11.510,00	1.200,00			5.200,00	2.610,00
Instandhaltung	4.500,00	0,00			0,00	0,00
Kalk. Abschreibungen	37.450,00	3.650,00			9.500,00	6.800,00
Kalk. Zinsen	40.300,00	8.400,00			6.900,00	6.200,00
Summe Gemeinkosten	**278.260,00**	**33.660,00**			**96.710,00**	**50.890,00**
Zuschlagsgrundlage		Fertigungsmaterial 112.200,00	Maschinenstunden	Fertigungslöhne 96.500,00	Herstellkosten des Umsatzes	
Zuschlagssatz Maschinenstundensatz						

M3

Das Schema der Zuschlagskalkulation			
	Gesamt in EUR	Errechneter Zuschlag in %	Kostenträger Tischplatte EUR
Fertigungsmaterial (Materialeinzelkosten)			
+ Materialgemeinkosten (MGK)			
= Materialkosten			
Maschinenabhängige Fertigungsgemeinkosten (FGK)			
+ Fertigungslöhne des Maschinenplatzes (CNC)			
+ Restgemeinkosten			
= Fertigungskosten **Maschinenplatz (CNC)**			
= **Herstellkosten der Erzeugung**			
– Mehrbestand an fertigen/unfertigen Erzeugnissen			
+ Minderbestand an fertigen/unfertigen Erzeugnissen			
= **Herstellkosten des Umsatzes**			
+ Verwaltungsgemeinkosten (VwGK)			
+ Vertriebsgemeinkosten (VtGK)			
= **Selbstkosten des Umsatzes**			
	Aufgabe 2	**Aufgabe 3**	

15 Goette u.a. - ISBN 978-3-8120-1032-0

4.2 Den Maschinenstundensatz bei veränderten Laufzeiten ermitteln

▶ **Fallsituation:** **Wie verändert sich der Maschinenstundensatz, wenn die Laufzeit einer Maschine variiert?**

Carina Crämer und Frau Straub widmen sich nun dem letzten Schritt aus der Problematik zur Berechnung des Maschinenstundensatzes.

Frau Straub:	Hallo, Carina! Sie haben festgestellt: Die Kosten einer Maschinen-Kostenstelle können nach maschinenabhängigen Fertigungsgemeinkosten und Restgemeinkosten differenziert werden.
Carina:	Ja, aber mir stellt sich folgende Frage: Wenn wir die maschinenabhängigen Fertigungsgemeinkosten im BAB näher betrachten, so können wir feststellen, dass einige Kostenarten unabhängig von der Auslastung der Maschine stets in gleicher Höhe anfallen, so z. B. kalkulatorische Zinsen oder Raumkosten für den Stellplatz der Maschine.
Frau Straub:	Wir bezeichnen diese als feste, beschäftigungs**un**abhängige Fertigungsgemeinkosten (Fixkosten).
Carina:	Andererseits sind verschiedene maschinenabhängige Gemeinkostenarten, wie z.B. die Hilfsstoffkosten, von der Laufzeit der Maschine abhängig.
Frau Straub:	Diese werden als veränderliche, beschäftigungsabhängige Fertigungsgemeinkosten (variable Kosten) bezeichnet.
	Außerdem existieren einige Kostenarten, die weder eindeutig beschäftigungsunabhängig noch eindeutig beschäftigungsabhängig sind. Sie sind somit nur zum Teil von der Laufzeit der Maschine abhängig und werden als Mischkosten bezeichnet. Zu ihnen können z.B. die Instandhaltungsaufwendungen gezählt werden: Teilweise sind Reparaturen verschleißbedingt und werden nach Bedarf veranlasst; teilweise werden sie als vorbeugende Wartung regelmäßig durchgeführt. Auch die kalkulatorischen Abschreibungen gehören in diesen Bereich: Ihre Höhe ist sowohl von der Laufzeit bzw. Abnutzung als auch vom Alter bzw. technischen Fortschritt abhängig.
Carina:	Und wie verhält es sich mit den Energiekosten? Diese fallen doch sicherlich nur an, wenn die Maschine auch tatsächlich genutzt wird, oder?
Frau Straub:	Auch hier haben wir es mit Mischkosten zu tun. Sicherlich entstehen Kosten nur dann, wenn die Maschine genutzt wird. Aber es bestehen auch sogenannte Grundgebühren, die uns der Stromversorger beispielsweise für die Bereitstellung des Stromnetzes berechnet.

INFO-BOX

Die Ermittlung des Maschinenstundensatzes bei veränderten Laufzeiten

Sollen in der Maschinenstundensatzrechnung die Auswirkungen von Beschäftigungsschwankungen berücksichtigt werden, so muss im BAB die Spalte der **maschinenabhängigen Fertigungsgemeinkosten** aufgeteilt werden in

- **beschäftigungsunabhängige** Maschinengemeinkosten und
- **beschäftigungsabhängige** Maschinengemeinkosten.

Diese Aufteilung ermöglicht es den Unternehmen, bei abweichenden Beschäftigungsgraden den Maschinenstundensatz anzupassen und damit genauer kalkulieren zu können.

Maschinenstundensatz bei Unter- und Überbeschäftigung

Aus verschiedenen Gründen können die tatsächlichen Laufstunden einer Maschine von den geplanten Laufstunden abweichen:

- Die **Normalbeschäftigung** kann **unterschritten** werden durch
  - ▸ erhöhte Ausfallzeiten (häufiges Umrüsten, Krankheit des Bedienpersonals),
  - ▸ Nachfragerückgang und damit ggf. verbundene Kurzarbeit.
- Die **Normalbeschäftigung** kann **überschritten** werden durch
  - ▸ verringerte Ausfallzeiten (geringere Reparaturzeiten als geplant),
  - ▸ erhöhte Nachfrage und damit Überstunden oder Einrichten einer zusätzlichen Schicht.

In beiden Fällen wird sich der Maschinenstundensatz gegenüber der Normalbeschäftigung ändern. Die Gesamtsumme der **beschäftigungsabhängigen Gemeinkosten** wird durch die Laufzeit bestimmt. Bei einer hohen Auslastung der Maschine fallen entsprechend höhere, bei einer geringeren Auslastung entsprechend niedrigere beschäftigungsabhängige gesamte Maschinengemeinkosten an. **ABER: Der Satz pro Maschinenlaufstunde bleibt konstant!**

Die Summe der gesamten beschäftigungsunabhängigen Maschinengemeinkosten verändert sich im Gegensatz dazu nicht mit der Laufzeit.

ABER:

- Bei verringerter Laufzeit der Maschine müssen diese fixen Gemeinkosten auf weniger Laufstunden verteilt werden ➜ der Maschinenstundensatz **erhöht** sich!
- Bei erhöhter Laufzeit der Maschinen können diese fixen Gemeinkosten auf mehr Laufstunden verteilt werden ➜ der Maschinenstundensatz **verringert** sich!

Anwendungsaufgaben

1. In dem BAB **M1** (siehe S. 116) wurde bereits eine Aufteilung in maschinenabhängige Gemeinkosten und Restgemeinkosten vorgenommen.

   Ermitteln Sie nun in **M2** (siehe S. 117) die fixen und variablen Kosten unter Berücksichtigung der folgenden Angaben:

   ▶ Die Hilfsstoffkosten sind komplett maschinenabhängig.

   ▶ In den Betriebsstoffkosten sind die Energiekosten enthalten. Diese betragen:

   150 Maschinenstunden bei einer Maschinenleistung von 100 kW zu je 0,20 EUR/kWh; die restlichen Betriebsstoffkosten sind fix (z. B. Grundgebühr für Energiekosten).

   ▶ Mit einem Wartungsunternehmen wurde ein Wartungsvertrag geschlossen, der eine fixe monatliche Wartungspauschale von 250,00 EUR vorsieht; weitere Wartungskosten werden nach Anfall berechnet.

   ▶ Alle weiteren maschinenabhängigen Gemeinkosten sind als fix anzusehen.

2. Berechnen Sie die variablen Maschinenkosten pro Maschinenstunde und die fixen Maschinenkosten pro Maschinenstunde bei einer Laufzeit von 150 Maschinenstunden und tragen Sie die Ergebnisse in **M2** ein.

3. Ermitteln Sie, wie sich die Maschinenkosten pro Maschinenstunde verändern, wenn sich gegenüber der Ausgangssituation

a) die Maschinenlaufzeit um 50 % erhöht,

b) die Maschinenlaufzeit um 50 % reduziert.

Nutzen Sie für Ihre Eintragungen die Hilfstabelle **M3** (siehe S. 117).

4. Angenommen, der Unternehmer rechnet trotz Beschäftigungsrückgang mit dem Maschinenstundensatz von 150 Stunden weiter. Ermitteln Sie, wie viele fixe Kosten in diesem Falle nicht gedeckt sind.

M1

Gemeinkostenart	Zahlen der BER	Material	Fertigung (CNC-Bearbeitungszentrum)		Verwaltung	Vertrieb
			maschinenabhängige FGK	Restgemeinkosten		
Hilfsstoffkosten	32.000,00	0,00	30.700,00	0,00	0,00	1.300,00
Betriebsstoffkosten	10.280,00	1.330,00	4.950,00	0,00	2.500,00	1.500,00
Hilfslöhne	5.200,00	0,00	0,00	5.200,00	0,00	0,00
Gehälter	59.700,00	9.100,00	0,00	5.500,00	36.000,00	9.100,00
Soziale Abgaben	47.760,00	7.280,00	0,00	4.400,00	28.800,00	7.280,00
Werbung	21.900,00	1.200,00	0,00	1.200,00	5.000,00	14.500,00
Büromaterial	2.910,00	800,00	0,00	500,00	810,00	800,00
Miete	4.750,00	700,00	1.250,00	0,00	2.000,00	800,00
Betriebliche Steuern	11.510,00	1.200,00	0,00	2.500,00	5.200,00	2.610,00
Instandhaltung	4.500,00	0,00	4.500,00	0,00	0,00	0,00
Kalk. Abschreibungen	37.450,00	3.650,00	17.500,00	0,00	9.500,00	6.800,00
Kalk. Zinsen	40.300,00	8.400,00	18.800,00	0,00	6.900,00	6.200,00
Summe Gemeinkosten	**278.260,00**	**33.660,00**	**77.700,00**	**19.300,00**	**96.710,00**	**50.890,00**
Zuschlagsgrundlage		Fertigungsmaterial 112.200,00	Maschinenstunden 150 Stunden	Fertigungslöhne 96.500,00	Herstellkosten des Umsatzes 297.360,00	
Zuschlagssatz Maschinenstundensatz		30,00 %	518,00 EUR	20,00 %	32,52 %	17,11 %

Table title: **BAB für den Monat Juli 20 .. mit Maschinenplatz als Kostenstelle**

Gemeinkostenart	Zahlen der BER	Material	Fertigung (CNC-Bearbeitungszentrum) maschinenabhängige FGK variabel	fix	Restgemein-kosten	Verwal-tung	Vertrieb
BAB für den Monat Juli 20..							
Hilfsstoffkosten	32.000,00	0,00			0,00	0,00	1.300,00
Betriebsstoffkosten	10.280,00	1.330,00			0,00	2.500,00	1.500,00
Hilfslöhne	5.200,00	0,00			5.200,00	0,00	0,00
Gehälter	59.700,00	9.100,00			5.500,00	36.000,00	9.100,00
Soziale Abgaben	47.760,00	7.280,00			4.400,00	28.800,00	7.280,00
Werbung	21.900,00	1.200,00			1.200,00	5.000,00	14.500,00
Büromaterial	2.910,00	800,00			500,00	810,00	800,00
Miete	4.750,00	700,00			0,00	2.000,00	800,00
Betriebliche Steuern	11.510,00	1.200,00			2.500,00	5.200,00	2.610,00
Instandhaltung	4.500,00	0,00			0,00	0,00	0,00
Kalk. Abschreibungen	37.450,00	3.650,00			0,00	9.500,00	6.800,00
Kalk. Zinsen	40.300,00	8.400,00			0,00	6.900,00	6.200,00
Summe Gemeinkosten	**278.260,00**	**33.660,00**			**19.300,00**	**96.710,00**	**50.890,00**
Zuschlagsgrundlage		Fertigungs-material 112.200,00	Maschinenstunden		Fertigungs-löhne 96.500,00	Herstellkosten des Umsatzes 297.360,00	
Zuschlagssatz Maschinenstundensatz		30,00 %			20,00 %	32,52 %	17,11 %
			Summe:				

Hilfstabelle zu Aufgabe 3:

	Laufzeit	variable Kosten gesamt (in EUR)	variable Kosten pro Stunde (in EUR)	fixe Kosten gesamt (in EUR)	fixe Kosten pro Stunde (in EUR)	gesamte Kosten (in EUR)	gesamte Kosten pro Stunde (in EUR)
Aufgabe 3a)	erhöhte Laufzeit = _____ Std.						
Ausgangs-situation	150 Stunden						
Aufgabe 3b)	reduzierte Laufzeit = _____ Std.						

Vertiefende Aufgaben

1. Die Textilwerke AG verfügt über ein hochmodernes Textilbearbeitungszentrum, das sich flexibel an veränderte Schritte und Abmessungen anpassen kann.

   Im vergangenen Monat Januar 20.. wurden Werte ermittelt, die im folgenden stark reduzierten BAB zu sehen sind:

BAB für den Monat Januar 20..							
Gemeinkostenarten	Zahlen der BER	Material	Fertigung (Textil-Bearbeitungszentrum)		Restgemein-kosten	Verwaltung	Vertrieb
			maschinenabhängige FGK				
			variabel	fix			
...	...	...	...	...	...	...	...
Summe Gemeinkosten	...	...	100.000,00	200.000,00	50.000,00	...	...
Zuschlagsgrundlage		Fertigungs-material ...	Maschinenstunden 200 Stunden		Fertigungs-löhne _____	Herstellkosten des Umsatzes ...	
Zuschlagssatz Maschinenstundensatz		...			20,00 %	...	...
			Summe: _____				

Nutzen Sie zur Beurteilung der folgenden Arbeitsaufträge den oben abgebildeten BAB und die folgende Hilfstabelle:

	Laufzeit	variable Kosten gesamt (in EUR)	variable Kosten pro Stunde (in EUR)	fixe Kosten gesamt (in EUR)	fixe Kosten pro Stunde (in EUR)	gesamte Kosten (in EUR)	gesamte Kosten pro Stunde (in EUR)
zu b)	erwartete Laufzeit = _____ Std.						
zu a)	Laufzeit laut Aufgaben-Info: = _____ Std.						
zu c)	erwartete Laufzeit = _____ Std.						

a) Ermitteln Sie den Maschinenstundensatz für den Monat Januar 20..

b) Berechnen Sie den Maschinenstundensatz unter der Annahme, dass die Laufzeit der Maschine aufgrund steigender Auftragseingänge um 25 % steigt.

c) Berechnen Sie den Maschinenstundensatz unter der Annahme, dass die Laufzeit der Maschine aufgrund rückgängiger Auftragseingänge nur noch 160 Stunden beträgt.

d) Prüfen Sie, wie viel EUR fixe Kosten nicht gedeckt werden, wenn Sie trotz des Beschäftigungsrückgangs mit dem ursprünglichen Maschinenstundensatz aus Aufgabenteil a) kalkulieren.

e) Ermitteln Sie die Höhe der Zuschlagsgrundlage der Restgemeinkosten.

f) Auf Basis des BAB sollen Sie nun die Fertigungskosten für einen Auftrag der Textilwerke AG ermitteln.

   Folgende Angaben liegen Ihnen vor:
   – Maschinenlaufzeit für diesen Auftrag: 8 Stunden,
   – Fertigungslöhne: 10 Stunden (inkl. Vor- und Nachbereitung) zu je 600,00 EUR.

2. Die Lothar Lindemann KG hat bei der Herstellung eines Erzeugnisses mit dem Maschinenstundensatz kalkuliert. Die Fertigungskosten betragen insgesamt 8.600,00 EUR. Darin enthalten sind neben den Maschinenkosten auch Fertigungslöhne in Höhe von 4.000,00 EUR und Restgemeinkosten von 60 %.

   Berechnen Sie den Maschinenstundensatz, wenn die Anlage 10 Stunden gelaufen ist.

4.3 Äquivalenzziffernkalkulation und Divisionskalkulation

▶ **Fallsituation:** **Wie lassen sich Verkaufspreise für verschiedene Varianten (Sorten) des Seminarstuhls kalkulieren?**

Nachdem Carina Crämer einen Angebotspreis des Seminarstuhls für die Color Chemie AG ermittelt hat, führt Frau Straub an, dass die BüKo OHG im Rahmen der Sortenfertigung verschiedene Varianten des Seminarstuhls anbietet, die dazu unterschiedlich nachgefragt werden. Es stellt sich folglich die Frage, ob alle Varianten zum gleichen Preis anzubieten sind.

Frau Straub:	Bisher haben wir ja nur einen allgemeinen Verkaufspreis für unseren Seminarstuhl kalkuliert. Wir bieten den Stuhl zum einen mit komfortablem Sitzpolster und dynamischer Rückenlehne (Variante 1), des Weiteren lediglich mit komfortablem Sitzpolster und verstellbarer Armlehne (Variante 2) und zusätzlich klassisch ohne Verstellmöglichkeiten (Variante 3) an.
Carina:	Ich verstehe, worauf Sie hinaus möchten. Da die Stühle unterschiedlich sind und auch in verschiedenen Stückzahlen abgenommen werden, beanspruchen sie die Betriebsmittel in unserer Fertigung bestimmt auch zu unterschiedlichen Anteilen. Also vermute ich, dass wir die drei Varianten unseres Seminarstuhls auch nicht zum gleichen Verkaufspreis anbieten können, richtig?
Frau Straub:	Das stimmt. Wir haben in unserer Fertigung eine genaue Analyse vorgenommen und dabei festgestellt, dass insbesondere die Variante 1 viel mehr Aufwand in der Herstellung verursacht und somit auch eine längere Fertigungszeit auf den Betriebsmitteln einnimmt. Die Variante 3 hat in dieser Beobachtung den geringsten Aufwand verursacht. Dabei konnte zwischen den drei Varianten ein festes Verhältnis festgestellt werden. So verursachte Variante 1 genau 20 % mehr Arbeitsaufwand als Variante 2. Variante 3 hingegen hat 30 % weniger Arbeitsaufwand gegenüber Variante 2 verursacht. Die Selbstkosten lagen bei insgesamt 2.225.000,00 EUR. Sehen wir uns nun an, welche Auswirkung dieses Verhältnis auf den Angebotspreis der drei Varianten unseres Seminarstuhls hat.

Anwendungsaufgabe

1. Unterstützen Sie Carina Crämer erneut bei der Kalkulation der Angebotspreise, indem Sie vorbereitend für jede Variante die Selbstkosten pro Stück ermitteln.

   Informieren Sie sich hierzu mithilfe der Info-Box und nutzen Sie zur Bearbeitung des Arbeitsauftrags das Kalkulationsschema **M1**.

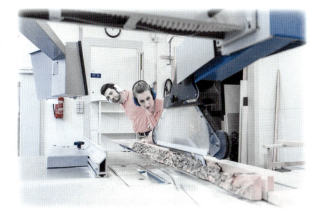

M1

Äquivalenzziffernkalkulation (Seminarstuhl – Variante 1, 2 und 3)					
Sorte	Produktions-menge (Anzahl Stühle)	Äquivalenzziffer	Recheneinheiten	Selbstkosten pro Sorte	Selbstkosten pro Stück
		1. Schritt:	2. Schritt:	4. Schritt:	5. Schritt:
Variante 1	2 000				
Variante 2	3 000				
Variante 3	5 000				
Summe	**10 000**				

Nebenrechnung: Ermittlung der Selbstkosten pro Recheneinheit   3. Schritt:

 INFO-BOX

Vollkostenrechnung in Betrieben mit Sortenfertigung → Äquivalenzziffernkalkulation

Im Regelfall stellen Unternehmen nicht nur ein, sondern mehrere Produkte her, die sich in ihrer Herstellungsweise ähneln und somit einen ähnlichen Fertigungsaufwand verursachen (z. B. unterschiedliche Geschmacksrichtungen eines Getränkeherstellers, bei deren Herstellung die Produktionsanlagen nur geringfügig verändert werden müssen bzw. ein begrenzter Rüstaufwand entsteht).

Die Divisionskalkulation mit Äquivalenzziffern kann demzufolge in Betrieben angewandt werden, die **artverwandte Erzeugnisse mit gleichem Fertigungsmaterial und mit ähnlichen Produktionsgängen** herstellen **(Sortenfertigung)**. Folglich werden mehrere Varianten eines gleichen Grundprodukts gefertigt. Die einzelnen Sorten verursachen dabei eine **unterschiedliche Beanspruchung der Betriebsmittel** und verursachen so gleichermaßen **unterschiedlich hohe Kosten**.

Beachten Sie:

Die Äquivalenzziffernrechnung dient der Verrechnung von Kosten auf mehrere Produktsorten. Die Äquivalenzziffern geben dabei das Verhältnis der Produktionskosten der einzelnen Produkte an.

Aus Erfahrungswerten und durch eine gezielte Beobachtung wird analysiert, ob zwischen den von den Sorten unterschiedlich hoch verursachten Kosten ein festes Verhältnis besteht. Dieses Verhältnis soll mithilfe von sog. Äquivalenzziffern ausgedrückt werden. **Äquivalenzziffern** drücken die **Kostenunterschiede von Erzeugnissen durch Wertigkeitsziffern** (Äquivalenzziffern) aus.

Beispiel:

Aufgrund der zahlreichen Feierlichkeiten anlässlich der Fußball-Weltmeisterschaft überdenkt ein Wurstfabrikant sein Angebotssortiment. Bisher wurden nur herkömmliche Grillwürstchen hergestellt. Das Sortiment soll um die neue Sorte „WM-Griller" erweitert werden. Aufgrund von Analysen konnte ermittelt werden, dass das neue Produkt in seiner Herstellung 25 % teurer als die herkömmlichen Grillwürstchen ist. Das Kostenverhältnis von Grillwürstchen zum „WM-Griller" beträgt also 100 % zu 125 %. Darüber hinaus ist bekannt, dass 100 000 Grillwürstchen sowie 90 000 WM-Griller hergestellt werden sollen. Insgesamt wird mit Selbstkosten in Höhe von 106.250,00 EUR gerechnet.

Zur **Berechnung der Selbstkosten** pro Sorte empfiehlt sich ein **schrittweises Vorgehen.**

1. Schritt: Bestimmung der Äquivalenzziffer für jede Sorte

Zwischen den beiden Wurst-Sorten konnte ein festes Kostenverhältnis ermittelt werden. Dieses Verhältnis ist mithilfe von Äquivalenzziffern darzustellen. Bei der Bestimmung der Äquivalenzziffern wird dem Ausgangsprodukt i. d. R. die Ziffer „1" zugeordnet. Im vorliegenden Beispiel verursacht die neue Sorte WM-Griller gegenüber dem herkömmlichen Grillwürstchen 25 % mehr an Kosten. In Dezimalzahlen ausgedrückt verursacht die neue Sorte folglich das 1,25-Fache an Kosten pro Produkteinheit.

2. Schritt: Umrechnung der Produktionsmenge pro Sorte in sog. Recheneinheiten

Da die einzelnen Sorten unterschiedlich hohe Kosten verursachen, aber auch in unterschiedlichen Mengen hergestellt werden, müssen die Produktionsmengen in der Berechnung ebenso berücksichtigt werden. Logischerweise führt eine größere Menge auch zu höheren Kosten. Um die unterschiedliche Wertigkeit der Sorten auch mengenbezogen ausdrücken und so besser vergleichen zu können, werden die Produktionsmengen mit den ermittelten Äquivalenzziffern multipliziert.

$$\text{Recheneinheiten} = \text{Produktionsmenge} \cdot \text{Äquivalenzziffer}$$

3. Schritt: Nebenrechnung: Ermittlung der Selbstkosten pro Recheneinheit

In unserem Anwendungsbeispiel entstehen insgesamt Selbstkosten in Höhe von 106.250,00 EUR. Diese Selbstkosten müssen nun auf die vorhandenen Sorten verteilt werden. Dazu benutzen wir die im 2. Schritt ermittelten Recheneinheiten und bestimmen als Nebenrechnung die Selbstkosten pro Recheneinheit.

$$\text{Selbstkosten pro Recheneinheit} = \frac{106.250,00 \text{ EUR}}{212\,500 \text{ Recheneinheiten}} = 0,50 \text{ EUR pro Recheneinheit}$$

Allgemein kann diese Nebenrechnung in folgender Formel ausgedrückt werden:

$$\textbf{Selbstkosten pro Recheneinheit} = \frac{\textbf{ermittelte Selbstkosten für alle Sorten (gesamt)}}{\textbf{Summe der Recheneinheiten}}$$

16 Goette u.a. - ISBN 978-3-8120-1032-0

4. Schritt: Ermittlung der Selbstkosten (gesamt) pro Sorte

Um die Selbstkosten pro Sorte zu ermitteln, muss die im 2. Schritt ermittelte Anzahl an Recheneinheiten pro Sorte mit den Selbstkosten pro Recheneinheit multipliziert werden.

Für die Sorte WM-Griller ergibt sich beispielhaft folgende Berechnung:

112 500 Recheneinheiten · 0,50 EUR pro Recheneinheit = 56.250,00 EUR

Auch diese Berechnung kann mithilfe einer allgemeinen Formel ausgedrückt werden:

Selbstkosten pro Sorte (gesamt) = **Recheneinheiten pro Sorte · Selbstkosten pro Recheneinheit**

5. Schritt: Ermittlung der Selbstkosten (pro Stück) pro Sorte

Um die Selbstkosten pro Stück einer Sorte zu berechnen, müssen die im 4. Schritt ermittelten
Selbstkosten pro Sorte nur noch durch die zugrunde liegende Produktionsmenge pro Sorte
dividiert werden.

Kommen wir auf unser Beispiel zurück, so führt dies zu folgendem Rechenweg für die Sorte
WM-Griller:

$$\text{Selbstkosten pro WM-Griller} = \frac{56.250,00 \text{ EUR}}{90\,000 \text{ Stück}} = 0,63 \text{ EUR pro WM-Griller.}$$

Auch diese Berechnung drücken wir in einer allgemeinen Formel aus:

$$\text{Selbstkosten pro Stück} = \frac{\text{Selbstkosten pro Sorte (gesamt)}}{\text{Produktionsmenge pro Sorte}}$$

Sorte	Menge (Stück)	Äquivalenz- ziffer	Rechen- einheiten	Selbstkosten pro Sorte (EUR)	Selbstkosten pro Stück (EUR)
		1. Schritt:	2. Schritt:	4. Schritt:	5. Schritt:
Grillwürstchen	100 000	1	100 000	50.000,00	0,50
WM-Griller	90 000	1,25	112 500	56.250,00	0,63
Summe	**190 000**		**212 500**	**106.250,00**	

Selbstkosten pro Recheneinheit   3. Schritt:

NR = 0,50 EUR pro Recheneinheit.

Alternative: Divisionskalkulation

Ein ähnliches Verfahren nutzt die Divisionskalkulation. Die einstufige Divisionskalkulation ist dabei deutlich ungenauer. Die einstufige Divisionskalkulation kann angewandt werden, wenn Produkte in großen Mengen hergestellt
werden oder es nur Einproduktunternehmen sind.

▶ einstufige Divisions- kalkulation

$$\text{Selbstkosten pro Stück} = \frac{\text{Gesamtkosten}}{\text{Produktionsmenge}} \quad \text{z. B.} \quad \frac{1.500.000,00 \text{ EUR}}{300\,000 \text{ Stück}} = 5,00 \text{ EUR/Stück}$$

Die mehrstufige Divisionskalkulation ist eine Erweiterung der einstufigen
Divisionskalkulation. Die Betrachtung richtet sich auf eine Trennung von Her-
stell- sowie Verwaltungs- und Vertriebsgemeinkosten. Die Herstellkosten sind
von der Produktionsmenge abhängig, die Verwaltungs- und Vertriebsgemeinkosten von der Absatzmenge.

▶ mehrstufige Divisions- kalkulation

Beispiel:

Die Aufteilung der Gesamtkosten könnte sich wie folgt ergeben:

Herstellkosten: 1.400.000,00 EUR, Produktionsmenge 280 000 Stück

Verwaltungs- und Vertriebsgemeinkosten: 300.000,00 EUR, Absatzmenge: 250 000 Stück

Summe der angefallenen Kosten: 1.700.000,00 EUR

Allgemeine Formel:

$$\text{Selbstkosten pro Stück} = \frac{\text{Herstellkosten}}{\text{Produktionsmenge}} + \frac{\text{Verwaltungs- und Vertriebskosten}}{\text{Absatzmenge}}$$

Auf das Beispiel bezogen:

$$\text{Selbstkosten pro Stück} = \frac{1.400.000,00 \text{ EUR}}{280\,000 \text{ Stück}} + \frac{300.000,00 \text{ EUR}}{250\,000 \text{ Stück}}$$

$$= 50,00 \text{ EUR} + 1,20 \text{ EUR} = 51,20 \text{ EUR}$$

Vertiefende Aufgaben

1. Die Öko-Tex GmbH hat festgestellt, dass sie auf Dauer die Unterschiede im Stoffbedarf für unterschiedliche Jeans nicht unberücksichtigt lassen sollte. Da insbesondere der Materialverbrauch bei den verschiedenen Jeans ins Gewicht fällt, sollte der Preis diesen Tatbestand berücksichtigen. Für die unterschiedlichen Jeans verbraucht die Öko-Tex GmbH die folgenden Stoffmengen, was im Rahmen der Kalkulation berücksichtigt werden soll:

Variante	Stoffmenge pro Jeans	Variante	Stoffmenge pro Jeans
A	1,00 m	C	1,20 m
B	1,10 m	D	1,30 m

In der vergangenen Periode wurden die folgenden Mengen hergestellt:

Variante	Menge in der Periode	Variante	Menge in der Periode
A	30 000	C	40 000
B	50 000	D	20 000

Für die Herstellung fielen in der Periode 6.360.000,00 EUR Selbstkosten an.

a) Ermitteln Sie die gesamten Selbstkosten pro Jeansgröße und die Selbstkosten pro Jeans.

b) Überlegen Sie weitere Beispiele, bei denen dieses Kalkulationsverfahren zur Anwendung kommen könnte.

2. Die BüKo OHG stellt ebenso Seminarstühle mit unterschiedlichen Polsterungen her. Die Einkaufspreise für die unterschiedlichen Polsterungen entnehmen Sie der folgenden Tabelle:

Die sonstigen Produktionskosten pro Seminarstuhl sind bei den Sorten gleich. In der letzten Periode wurden 200 Stühle der Sorte „Einfach", 160 Stühle der Sorte „Standard", 80 Stühle der Sorte Luxus und 60 Stühle der Sorte Exclusiv gefertigt. Die Selbstkosten der Periode beliefen sich auf 118.000,00 EUR.

Sorte	Einkaufspreis der Polsterung je Stück
Einfach	40,00 EUR
Standard	50,00 EUR
Luxus	60,00 EUR
Exklusiv	70,00 EUR

a) Erläutern Sie, was eine sinnvolle Schlüsselung für die Verteilung der Kosten sein könnte.

b) Ermitteln Sie die Selbstkosten pro Sorte und die Selbstkosten pro Stuhl.

Kompetenzcheck

▶ **Kann-Liste:** **Vollkostenrechnung: weitere Kostenrechnungssysteme**

☐ Maschinenstundensatz
☐ Äquivalenzziffernrechnung
☐ Divisionskalkulation

Ich kann …	Information	Aufgaben	Eigene Kompetenzeinschätzung
maschinenabhängige Fertigungsgemeinkosten identifizieren und die Zuordnung erläutern.	Kapitel 4.1	S. 111, Nr. 1	
den Maschinenstundensatz ermitteln und damit die Selbstkosten eines Kostenträgers berechnen.	Kapitel 4.1	S. 111, Nr. 2, 3 S. 118, Nr. 1	
die Ermittlung des Maschinenstundensatzes bei veränderten Laufzeiten der Maschinen berechnen und erklären.	Kapitel 4.2	S. 115f., Nr. 1–3 S. 118, Nr. 1	
das Grundprinzip der Äquivalenzziffernkalkulation beschreiben.	Kapitel 4.3	S. 119, Nr. 1 S. 123, Nr. 1, 2	
die Anwendungsmöglichkeiten der ein- und mehrstufigen Divisionskalkulation erklären.	Kapitel 4.3		
eigene Ergänzungen			

Wissen

Fertigkeiten

Sozialkompetenz

Selbstständigkeit

5 Teilkostenrechnung: die Deckungsbeitragsrechnung

5.1 Preisfestsetzung: Entscheidung bei Annahme eines Zusatzauftrags (Teil 1)

▶ **Fallsituation:** **Stückkosten nicht gedeckt?**

Die BüKo OHG hat in den Monaten Januar, Februar und März ausschließlich den Seminarstuhl „Ergo Klapp®" hergestellt, der an verschiedene Großhändler jeweils zu einem Preis von 500,00 EUR zuzüglich Umsatzsteuer verkauft wurde. Dieser Listenverkaufspreis ergibt sich aus einer Verkaufskalkulation mit Normalzuschlagssätzen, die aus Durchschnittswerten des vergangenen Kalenderjahres ermittelt wurden. Ebenfalls eingerechnet wurden ein Gewinn sowie die üblichen Kundenkonditionen wie Skonto und Rabatt.

Im Verlauf des Monats März erhält die BüKo OHG eine Anfrage der EXCLUSIVE OFFICE GmbH. Es handelt sich dabei um einen renommierten Büromöbelgroßhändler, den die BüKo OHG gerne in die Liste der Kunden aufnehmen möchte. Bislang jedoch konnte noch keine Übereinkunft erzielt werden, da sämtliche Angebote der BüKo OHG abgelehnt wurden.

Der potenzielle Kunde möchte für eine dreimonatige Werbeaktion den Seminarstuhl „Ergo Klapp®" in das Sortiment aufnehmen. Je nach Verkaufserfolg besteht die Chance auf eine dauerhafte Geschäftsbeziehung. Der Preis, den die EXCLUSIVE OFFICE GmbH zu zahlen bereit ist, beträgt 400,00 EUR zuzüglich Umsatzsteuer.

Herr Budtke, Herr Nolte, und Frau Straub diskutieren die Situation. Carina Crämer nimmt ebenfalls an dem Gespräch teil.

Herr Budtke:	Nun versuchen wir seit über einem Jahr, dieses Unternehmen als Kunden zu gewinnen. Noch nie wurden unsere Angebote akzeptiert. Und jetzt wollen sie den Seminarstuhl für 400,00 EUR bekommen. Ich weiß nicht, wie wir das mit unserer Kalkulation rechtfertigen können.
Herr Nolte:	In meinem letzten Telefonat signalisierte mir der Geschäftsführer, dass ihm ein Angebot eines ähnlichen Seminarstuhls von einem unserer Wettbewerber vorliegt. Dieser Hersteller hat einen Preis von 400,00 EUR angeboten. Das Geschäft möchte die EXCLUSIVE OFFICE GmbH aber lieber mit uns machen.
Herr Budtke:	Das ist ja schön und gut, aber ich weiß nicht, wie wir das realisieren sollen. Bei einem Listenverkaufspreis von 400,00 EUR wird unser einkalkulierter Gewinn ja nahezu aufgebraucht. Ich befürchte sogar, dass dann überhaupt kein Gewinn mehr übrig bleibt.
Herr Nolte:	Wenn wir diesen Kunden tatsächlich bekommen wollen, ist nun der Zeitpunkt gekommen, an dem wir unsere Kostenrechnung noch einmal überprüfen müssen. Bislang haben wir auf Vollkostenbasis kalkuliert. Ich denke, dass wir die Teilkostenrechnung in Betracht ziehen müssen. Frau Straub, unterstützen Sie mich dabei?
Frau Straub:	Das sollte kein Problem sein. Carina hilft sicherlich wieder dabei.

Nach Beendigung des kurzen Gesprächs unterhalten sich Frau Straub und Carina Crämer über die nächsten Schritte, die nun erforderlich sind. Dazu hat Frau Straub die Kalkulation des Modells „Ergo Klapp®" aus den Unterlagen herausgesucht, die Selbstkosten in Höhe von 360,49 EUR ausweist:

	Vorkalkulation „Ergo Klapp®" (mit Normalkosten)		
Z.	Positionen	Zuschläge in %	Betrag in EUR
⋮	⋮		
10	= **Selbstkosten des Erzeugnisses**		**360,49**
11	+ Gewinnzuschlag	12,00	43,26
12	= Barverkaufspreis		403,75
13	+ Kundenskonto	5,00	21,25
14	= Zielverkaufspreis		425,00
15	+ Kundenrabatt	15,00	75,00
16	= **Listenverkaufspreis bzw. Angebotspreis (NETTO)**		**500,00**

Frau Straub:	Hallo, Carina! Können Sie unser Problem erkennen?	
Carina:	Ja, es scheint so zu sein, dass unsere bisherigen Bemühungen, einen sicheren Verkaufspreis zu ermitteln, plötzlich keine Gültigkeit mehr haben.	
Frau Straub:	Auf Grundlage der Selbstkosten, die wir mithilfe der Normalzuschlagssätze ermittelt haben, konnten wir einen Verkaufspreis kalkulieren. Leider jedoch ist dies nun doch kein sicherer Verkaufspreis, da dem potenziellen Kunden ein Angebot eines Wettbewerbers vorliegt, das mit 400,00 EUR deutlich günstiger ausfällt als unser regulärer Listenverkaufspreis in Höhe von 500,00 EUR. Und die Einschätzung von Herrn Budtke, dass der Gewinn aufgezehrt wird, ist auf Grundlage der oben genannten Kalkulation wahrscheinlich zutreffend. Wenn wir davon ausgehen, dass der Kunde nur zur Zahlung von 400,00 EUR bereit ist, die Kundenkonditionen aber dennoch voll in Anspruch nimmt, so liegt der Barverkaufspreis unter den Selbstkosten. Sind Sie bereit für die nächsten Aufgaben?	
Carina:	Das bin ich!	

Anwendungsaufgaben

Helfen Sie Carina bei der Beantwortung der nachfolgenden Fragen, die zur Lösung des Problems führen werden.

1. Carina Crämer soll zunächst klären, wie sich der gewünschte Verkaufspreis der EXCLUSIVE OFFICE GmbH auf die Erfolgssituation für den Seminarstuhl „Ergo Klapp®" auswirkt.

   a) Ermitteln Sie den Erfolg je Seminarstuhl unter der Voraussetzung, dass der Kunde einen Listenverkaufspreis von 400,00 EUR netto fordert und die genannten Kundenkonditionen voll in Anspruch nimmt.

Vorkalkulation „Ergo Klapp®" (mit Normalkosten)			
Z.	Positionen	Zuschläge in %	Betrag in EUR
⋮	⋮		
10	= Selbstkosten des Erzeugnisses		
11	+ Gewinnzuschlag		
12	= Barverkaufspreis		
13	+ Kundenskonto	5,00	
14	= Zielverkaufspreis		
15	+ Kundenrabatt	15,00	
16	= Listenverkaufspreis bzw. Angebotspreis (NETTO)		400,00

   b) Erläutern Sie, zu welcher Entscheidung Sie der BüKo OHG raten.

   _____

   _____

   _____

   _____

2. Eine bislang noch nicht beachtete Option, die Anfrage der EXCLUSIVE OFFICE GmbH mit Erfolg annehmen zu können, besteht in der Möglichkeit der Kosteneinsparung. Erarbeiten Sie Möglichkeiten zur Kostensenkung in der BüKo OHG.

   ▶ _____

   _____

   ▶ _____

   _____

   ▶ _____

   _____

   ▶ _____

   _____

5 Teilkostenrechnung: die Deckungsbeitragsrechnung

3. Arbeiten Sie aus der folgenden Info-Box die wesentlichen Merkmale der Vollkostenrechnung und der Teilkostenrechnung heraus.

Merkmal	Vollkostenrechnung	Teilkostenrechnung
Ermittlung des Verkaufspreises		
Aufteilung der Kosten in ...		
Ziel		
eher geeignet auf einem Käufermarkt/ Verkäufermarkt?		

INFO-BOX

Die Deckungsbeitragsrechnung als Teilkostenrechnung – Grundlagen

Die Kosten- und Leistungsrechnung unterscheidet grundsätzlich zwischen der Vollkostenrechnung und der Teilkostenrechnung. Letztere wird auch als Deckungsbeitragsrechnung bezeichnet.

▶ Vollkostenrechnung

Die Vollkostenrechnung:
→ Kostenorientierte Verkaufspreisermittlung

Sie wird auch als kostenorientierte Preisbildung bezeichnet, da sie auf den anfallenden Kosten basiert. Sie **weist** den Kostenträgern (den Erzeugnissen) **alle Kosten zu**. Hierzu werden **Einzelkosten** und **Gemeinkosten** unterschieden. Die Einzelkosten lassen sich einem Erzeugnis direkt zuordnen, die Gemeinkosten werden dem Erzeugnis mithilfe der **Zuschlagskalkulation** zugewiesen. Der wesentliche **Vorteil** besteht darin, dass alle Kosten auf die Erzeugnisse umgelegt werden, sodass keine Kosten unverrechnet bleiben.

Hier ist aber auch bereits die erste **Schwäche** der Vollkostenrechnung zu erkennen: Diese ist in der sogenannten Proportionalisierung der Gemeinkosten zu sehen. Auf Grundlage der Abhängigkeit der Gemeinkosten von den Einzelkosten als Zuschlagsgrundlage wird unterstellt, dass sich die Gemeinkosten linear, d. h. proportional zu den Einzelkosten verändern.

Beispiel:

In der Kostenstelle Material entstehen Gemeinkosten in Höhe von 1.000,00 EUR und Einzelkosten in Höhe von 10.000,00 EUR. Der damit verbundene Materialgemeinkostenzuschlagssatz beträgt somit 10 %. Verdoppelt sich der Materialeinsatz auf 20.000,00 EUR, so wird unterstellt, dass sich auch die Gemeinkosten auf 2.000,00 EUR verdoppeln. Dies entspricht aber nicht der Realität. Denken Sie dabei zum Beispiel an die Gehälter der Mitarbeiter in der Kostenstelle Material: Verdoppeln sich diese, wenn sich der Materialeinsatz verdoppelt? Wohl kaum! Ähnlich verhält es sich bei den Abschreibungen der Lagereinrichtungen: Auch diese werden sich nicht verdoppeln, nur weil der Materialeinsatz steigt.

Das Verfahren der Vollkostenrechnung ist dann sinnvoll anzuwenden, wenn der ermittelte Verkaufspreis auf dem Markt bzw. vom Kunden akzeptiert wird. Dies ist in der Regel dann der Fall, wenn das anbietende Unternehmen konkurrenzlos ist oder aber ein Produkt herstellt, das gegenüber anderen Produkten wesentliche Vorteile, beispielsweise unter technischen, qualitativen oder gestalterischen Aspekten, bietet. In diesen Fällen spricht man von einem **Verkäufermarkt**.

Liegt jedoch ein sogenannter **Käufermarkt** vor, lässt sich bereits die nächste Schwäche der Vollkostenrechnung erkennen: Der auf Kostenbasis kalkulierte Preis lässt sich häufig auf dem Markt nicht durchsetzen (marktferne Preise). Der Anbieter und die Kunden handeln ihre Preisvorstellungen im Zeitablauf bewusst aus. Durch Marktforschung wird ermittelt, zu welchem Preis die meisten Kunden das Produkt kaufen würden. **Der Preis wird somit nicht kalkuliert, sondern vom Markt vorgegeben**. Der „Markt" können also auf der einen Seite die Kunden, auf der anderen Seite aber auch die Wettbewerber sein, die durch ihr Handeln den Marktpreis, d.h. den marktüblichen Verkaufspreis bestimmen.

> **Die Teilkostenrechnung (Deckungsbeitragsrechnung):**
> → **Kundenorientierte bzw. konkurrenzorientierte Verkaufspreisermittlung**

▶ Deckungsbeitragsrechnung

An dieser Stelle setzt die Teilkostenrechnung an, denn aktuelle Rahmenbedingungen des Marktes können erfordern, dass sich ein Unternehmen – wie bereits zuvor beschrieben – dem Markt anpasst.

Wurde bei der Vollkostenrechnung eine Aufteilung der Kosten in Einzelkosten und Gemeinkosten vorgenommen, so erfolgt die Aufteilung bei der **Teilkostenrechnung** in **mengenabhängige** und **mengenunabhängige** Kosten.

▶ Teilkostenrechnung

- Die **mengenabhängigen Kosten** werden dabei als **variable Kosten** bezeichnet. Sie fallen also nur dann an, wenn tatsächlich produziert wird. In der Regel betrifft dies die Materialeinzelkosten und auch die Fertigungseinzelkosten, denn es wird unterstellt, dass die Fertigungslöhne auf einer leistungsabhängigen Vergütung (Akkord) basieren.

▶ mengenabhängige Kosten

▶ variable Kosten

  ▸ Sie steigen in der Gesamtsumme bei steigenden Produktionsmengen und sinken demzufolge bei rückläufigen Produktionsmengen. Die gesamten variablen Kosten werden mit K_v (großes „K") bezeichnet.

  ▸ Bezogen auf ein Stück kann davon ausgegangen werden, dass diese variablen Stückkosten gleichbleibend sind. Insofern spricht man auch von konstanten oder proportionalen variablen Stückkosten (Hinweis: Es existieren auch über- und unterproportionale variable Stückkosten, diese werden hier jedoch nicht behandelt). Die variablen Kosten pro Stück werden mit k_v (kleines „k") bezeichnet.

- Die **mengenunabhängigen Kosten** werden als **fixe Kosten** bezeichnet. Die Bedeutung lässt sich eventuell besser verstehen, wenn diese als Kosten der Betriebsbereitschaft bezeichnet werden. Hierzu zählen beispielsweise die Abschreibungen auf Sachanlagen, die Gehälter oder der Mietaufwand.

▶ mengenunabhängige Kosten

▶ fixe Kosten

  ▸ Unter der Voraussetzung, dass von einer gegebenen Kapazität ausgegangen wird, sind sie in der Gesamtsumme immer gleich hoch. Unabhängig davon, ob ein Unternehmen 1 Stück oder 100 000 Stück produziert, die fixen Gesamtkosten verändern sich nicht. Ausnahme: Wird die Kapazität durch Kauf weiterer Produktionsanlagen erweitert, so steigen auch die fixen Gesamtkosten. Trennt ein Unternehmen sich von Gegenständen des Anlagevermögens, so sinken die fixen Gesamtkosten. Die Möglichkeit dieser sogenannten **sprungfixen Kosten** lassen wir in den folgenden Berechnungen außer Acht. Die fixen Gesamtkosten werden mit K_f (großes „K") bezeichnet.

17 Goette u.a. - ISBN 978-3-8120-1032-0

► Fixkosten-
degression

► Fixkosten-
progression

▸ Bezogen auf ein Stück sinken die Fixkosten bei steigenden Produktionsmengen **(Fixkostendegression)** und steigen bei sinkenden Produktionsmengen
(Fixkostenprogression). Die fixen Kosten pro Stück werden mit k_f (kleines
„k") bezeichnet.

	Gesamtkostenbetrachtung	Stückkostenbetrachtung
variable Kosten	• nehmen mit steigender Produktionsmenge zu • nehmen mit sinkender Produktionsmenge ab • Symbol K_v (großes „K")	• bleiben unabhängig von der Produktionsmenge gleich hoch (sind konstant) • Symbol k_v (kleines „k")
fixe Kosten	• bleiben unabhängig von der Produktionsmenge gleich hoch (sind konstant) • Symbol K_f (großes „K")	• nehmen mit steigender Produktionsmenge ab (Fixkostendegression) • nehmen mit sinkender Produktionsmenge zu (Fixkostenprogression) • Symbol k_f (kleines „k")

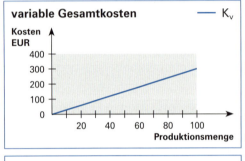

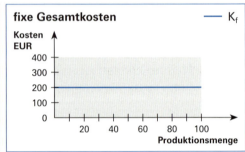

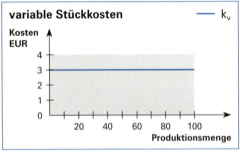

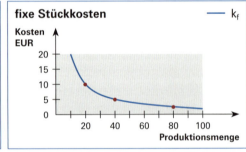

► Deckungs-
beitrag

Klärung des Begriffs „Deckungsbeitrag":

Die Teilkostenrechnung auf der Grundlage von variablen und fixen Kosten wird als
Deckungsbeitragsrechnung bezeichnet. Der Deckungsbeitrag lässt sich berechnen, indem von den Umsatzerlösen der verschiedenen Produkte die jeweiligen
variablen Kosten abgezogen werden. Der Deckungsbeitrag hat eine wichtige Aufgabe: **Er soll einen Beitrag dazu leisten, die Fixkosten zu decken.** Daher auch
der Name „Deckungsbeitrag". Sofern dann die Fixkosten gedeckt sind und vom
Deckungsbeitrag noch etwas übrig bleibt, erzielt das Unternehmen einen Gewinn.

4. Teile der Gemeinkosten als variable Kosten

Sicherlich lassen sich auch Teile der Gemeinkosten als variable Kosten bezeichnen. So
wurden z.B. bislang die Hilfsstoffe als Gemeinkosten gekennzeichnet. Sie fallen aber
nur dann tatsächlich als Kosten an, wenn produziert wird. Ähnlich verhält es sich auch
bei den Kosten für Betriebsstoffe. Auch diese haben wir als Gemeinkosten gekennzeichnet, weil sie einem Erzeugnis nicht direkt zurechenbar sind. Sie sind deshalb aber
nicht ausschließlich als fix zu bezeichnen, denn eine Maschine verbraucht nur dann
Schmierstoffe, wenn sie tatsächlich genutzt wird.

Treffen Sie für die folgenden Gemeinkosten eine Entscheidung, ob diese (eher) den
fixen oder (eher) den variablen Kosten zugerechnet werden können.

Gemeinkostenart	Zuordnung: fix/variabel (mit Begründung)
Nebenbestandteile des Fertigungsmaterials bzw. Hilfsstoffe mit wertmäßig geringer Bedeutung (Leim, Befestigungsmaterial, Abdeck- bzw. Endkappen usw.)	
Betriebsstoffe: Öl für die Maschinen	
Energiekosten: Strom und Heizung	
Kosten für Wasser	
Versicherungsbeiträge (Sachversicherungen für Vermögensgegenstände oder Unfallversicherung der Beschäftigten)	
Gehälter der Abteilungsleiter/ Meister	
Hilfslöhne	
Kfz-Steuer	
Kosten der Fremdinstandhaltung	
Abschreibungen	
Miete	
Büromaterial	
Werbeaufwand	
Betriebliche Steuern	

5.2 Preisfestsetzung: Entscheidung bei Annahme eines Zusatzauftrags (Teil 2)

▶ **Fallsituation:** **Zur Deckung der Fixkosten positiv beitragen**

Frau Straub:	Carina, ich denke, dass Sie Ihre Entscheidung auf Grundlage Ihrer bisherigen Kenntnisse zur Vollkostenrechnung gut nachvollziehen können.
Carina:	Ja, das ist durchaus verständlich gewesen. Ohne die Möglichkeit zur Erzielung eines Gewinns oder wenigstens eines kostendeckenden Verkaufspreises lehnen wir den Auftrag ab. Es bleibt aber die Frage, wie die Aussage von Herrn Nolte zu verstehen ist. Er meinte, dass es erforderlich wäre, die Teilkostenrechnung in Betracht zu ziehen.
Frau Straub:	Die Kosten- und Leistungsrechnung unterscheidet zwischen der Vollkostenrechnung und der Teilkostenrechnung. Letztere wird auch als Deckungsbeitragsrechnung bezeichnet.
	In den Monaten Januar, Februar und März haben wir, wie bereits erwähnt, ausschließlich den Seminarstuhl „Ergo Klapp®" hergestellt und verkauft. Mit den vorhandenen Produktionsanlagen und der Anzahl der Mitarbeiter sind wir in der Lage, pro Monat maximal 250 Stück der Seminarstühle herzustellen. Folgende Daten habe ich hierzu ermittelt:

Monat	Januar	Februar	März
Menge*	**160 Stück**	**170 Stück**	**180 Stück**
Materialeinzelkosten, gesamt	19.600,00 EUR	20.825,00 EUR	22.050,00 EUR
Fertigungslöhne, gesamt (Löhne werden im Akkord pro Stück gezahlt)	12.400,00 EUR	13.175,00 EUR	13.950,00 EUR
Gehälter	11.000,00 EUR	11.000,00 EUR	11.000,00 EUR
Kalkulatorische Abschreibungen	8.000,00 EUR	8.000,00 EUR	8.000,00 EUR
Sonstige Kosten (z. B. Mietaufwand, Zinsaufwand, Versicherungsbeiträge usw.)	26.000,00 EUR	26.000,00 EUR	26.000,00 EUR

* Es kann davon ausgegangen werden, dass die jeweils hergestellte Menge vollständig verkauft wurde.

Frau Straub:	Für den Monat April erwarten wir aufgrund der bisherigen Auftragseingänge einen Absatz von 190 Stück. Nun müssen wir überlegen, ob es vielleicht doch möglich ist, den von der EXCLUSIVE OFFICE GmbH geforderten Listenverkaufspreis von 400,00 EUR zu akzeptieren. Die in Aussicht gestellte Abnahmemenge beträgt übrigens 20 Stück pro Monat. Die erste Lieferung kann bereits im April erfolgen. Sind Sie ein weiteres Mal bereit für die nächsten Aufgaben?
Carina:	Ich bin gespannt, zu welchem Ergebnis wir kommen.

Anwendungsaufgaben

Auch hier ist erneut Ihre Hilfe gefragt. Unterstützen Sie Carina Crämer bei der Klärung des Sachverhalts, ob die Anfrage der EXCLUSIVE OFFICE GmbH über 20 Seminarstühle zum Listenverkaufspreis von 400,00 EUR angenommen werden sollte. Informieren Sie sich zunächst in der nachfolgenden Info-Box über die Anwendung der Teilkostenrechnung und bearbeiten Sie anschließend die Arbeitsaufträge ab S. 136.

 INFO-BOX

Die Deckungsbeitragsrechnung als Teilkostenrechnung – Anwendung

Grundsätzlich wird zwischen dem **Stückdeckungsbeitrag → „db"** (bezogen auf ein Produkt) und dem **Gesamtdeckungsbeitrag → „DB"** (bezogen auf alle Produkte einer Abrechnungsperiode) unterschieden. Bei der Betrachtung des Gesamtdeckungsbeitrags (DB) ist aufgrund der Tatsache, dass die gesamten Umsatzerlöse und auch die gesamten variablen Kosten herangezogen werden müssen, eine Mengenangabe erforderlich, auf deren Grundlage das Betriebsergebnis ermittelt werden kann.

▶ Deckungs-
beitrag: Stück-
deckungs-
beitrag (db)

▶ Deckungs-
beitrag:
Gesamt-
deckungs-
beitrag (DB)

Stückdeckungsbeitrag → db	
bezogen auf:	
einen Kostenträger (Stück)	
Umsatzerlös pro Stück	p
− variable Stückkosten	k_v
= Stückdeckungsbeitrag	db

Gesamtdeckungsbeitrag → DB	
bezogen auf:	
eine Produktgruppe bzw. den ganzen Betrieb je Abrechnungsperiode	
Umsatzerlös je Periode	E gesamt
− variable Kosten je Periode	K_v
= Gesamtdeckungsbeitrag	DB
− fixe Kosten je Periode	K_f
= Betriebsergebnis je Periode	Gewinn/Verlust

Exkurs: Beschäftigungsgrad

Von besonderer Bedeutung für die Kostenstruktur eines Unternehmens ist der sogenannte Beschäftigungsgrad. In seiner Berechnung orientiert sich der Beschäftigungsgrad zumeist an der maximalen Kapazität z. B. einer Fertigungsmaschine. Unter Maximalkapazität ist die technisch gesehen höchstmögliche Leistung zu verstehen. Allgemein liegt die optimale Fertigungsauslastung allerdings unter der Maximalkapazität, da z. B. Störungen im Fertigungsablauf oder Wartungsarbeiten eingerechnet werden müssen. Die Optimalkapazität ermöglicht eine Produktion zu den geringsten Stückkosten.

▶ Beschäfti-
gungsgrad

Allgemeine Formel zur Berechnung des Beschäftigungsgrades:

$$\text{Beschäftigungsgrad} = \frac{\text{tatsächliche Ausbringungsmenge} \cdot 100}{\text{Maximalkapazität}}$$

Beispiel: Berechnung des Beschäftigungsgrades

Auf einer Fertigungsmaschine können maximal 300 Stück an einem Arbeitstag gefertigt werden. Im Laufe des Tages werden lediglich 180 Stück hergestellt.

$$\frac{180 \text{ Stück} \cdot 100}{300 \text{ Stück}} = 60\,\%$$

Ergebnis: Die Fertigungsmaschine wird am Arbeitstag zu 60 % ausgelastet.

Beispiel: Ermittlung des Stückdeckungs- und des Gesamtdeckungsbeitrags

Ein Unternehmen fertigt im Januar eines Jahres das Erzeugnis A zu variablen Stückkosten in Höhe von 10,00 EUR. Der Verkaufspreis dieses Erzeugnisses liegt bei 15,00 EUR je Stück. Die fixen Gesamtkosten der Periode belaufen sich auf 20.000,00 EUR. Die Maximalkapazität des Unternehmens liegt bei 10 000 Stück pro Monat. Das Ergebnis des Gesamtdeckungsbeitrags wird mithilfe von zwei unterschiedlichen Produktionsmengen dargestellt.

Ermittlung des Stückdeckungsbeitrags (db)	
Umsatzerlös pro Stück	15,00 EUR
− variable Stückkosten	10,00 EUR
= Stückdeckungsbeitrag (db)	5,00 EUR

Jedes Erzeugnis trägt bei einem Verkaufspreis von 15,00 EUR und variablen Stückkosten in Höhe von 10,00 EUR mit jeweils 5,00 EUR zur Deckung der fixen Gesamtkosten bei.

Ermittlung des Gesamtdeckungsbeitrags (DB) unter Berücksichtigung von zwei unterschiedlichen Produktionsmengen bzw. Beschäftigungsgraden		
Produktionsmenge der Periode	3 000 Stück	7 000 Stück
Maximalkapazität	10 000 Stück	10 000 Stück
Beschäftigungsgrad	30 %	70 %
Umsatzerlöse, gesamt	45.000,00 EUR	105.000,00 EUR
− variable Gesamtkosten	30.000,00 EUR	70.000,00 EUR
= Gesamtdeckungsbeitrag	15.000,00 EUR	35.000,00 EUR
− fixe Gesamtkosten	20.000,00 EUR	20.000,00 EUR
= Betriebsergebnis der Periode	− 5.000,00 EUR	+ 15.000,00 EUR

Obwohl jedes Erzeugnis einen positiven Stückdeckungsbeitrag erzielt, reicht eine **Produktionsmenge von 3 000 Stück** nicht aus, einen Gewinn zu erzielen. Der entstehende Gesamtdeckungsbeitrag in Höhe von 15.000,00 EUR schafft es nicht, die fixen Gesamtkosten zu decken. Es entsteht ein Verlust von 5.000,00 EUR.

Bei einer **Produktionsmenge von 7 000 Stück** beträgt der Stückdeckungsbeitrag selbstverständlich noch immer 5,00 EUR. Der entstehende Gesamtdeckungsbeitrag in Höhe von 35.000,00 EUR jedoch kann die fixen Gesamtkosten vollständig decken, sodass am Ende der betrachteten Periode ein Gewinn in Höhe von 15.000,00 EUR entsteht.

Beispiel: Entscheidung über die Annahme eines Zusatzauftrags

Ein Kunde tritt mit einem Zusatzauftrag an das Unternehmen heran und signalisiert eine Abnahmemenge in Höhe von 500 Stück unter der Bedingung, dass er das betreffende Erzeugnis zu einem Preis von 12,00 EUR anstelle der genannten 15,00 EUR beziehen kann.

Ermittlung des Stückdeckungsbeitrags (db) unter zusätzlicher Berücksichtigung eines reduzierten Verkaufspreises				
Umsatzerlös pro Stück	regulärer Verkaufspreis (VP)	15,00 EUR	reduzierter VP des Zusatzauftrags	12,00 EUR
− variable Stückkosten		10,00 EUR		10,00 EUR
= Stückdeckungsbeitrag (db)		5,00 EUR		2,00 EUR

Beim regulären Verkaufspreis von 15,00 EUR verbleibt der Stückdeckungsbeitrag bei 5,00 EUR. Der Zusatzauftrag zum Verkaufspreis von 12,00 EUR ermöglicht ebenfalls noch einen positiven Stückdeckungsbeitrag. Zwar sinkt dieser auf 2,00 EUR, doch tragen auch diese 2,00 EUR pro Stück zur Deckung der fixen Gesamtkosten bei.

Ermittlung des Gesamtdeckungsbeitrags (DB) unter Berücksichtigung des Zusatzauftrags		
Produktionsmenge der Periode ohne Zusatzauftrag	3 000 Stück	7 000 Stück
zusätzliche Produktionsmenge durch Zusatzauftrag	500 Stück	500 Stück
Produktionsmenge der Periode insgesamt	**3 500 Stück**	**7 500 Stück**
Maximalkapazität	10 000 Stück	10 000 Stück
Beschäftigungsgrad	35 %	75 %
Umsatzerlöse — für bisherige Menge	45.000,00 EUR	105.000,00 EUR
Umsatzerlöse — für Zusatzauftrag	6.000,00 EUR	6.000,00 EUR
Umsatzerlöse gesamt	**51.000,00 EUR**	**111.000,00 EUR**
− variable Gesamtkosten (inkl. des Zusatzauftrags)	35.000,00 EUR	75.000,00 EUR
= Gesamtdeckungsbeitrag	16.000,00 EUR	36.000,00 EUR
− fixe Gesamtkosten	20.000,00 EUR	20.000,00 EUR
= Betriebsergebnis der Periode	− 4.000,00 EUR	+ 16.000,00 EUR

Der positive Stückdeckungsbeitrag des Zusatzauftrags in Höhe von 2,00 EUR sorgt in beiden Fällen für eine Verbesserung des Betriebsergebnisses um jeweils 1.000,00 EUR (500 Stück · 2,00 EUR/Stück).

Zwar reicht dies bei der **Produktionsmenge von 3 500 Stück** noch immer nicht aus, einen Gewinn zu erzielen, doch kann somit der Verlust von 5.000,00 EUR auf 4.000,00 EUR reduziert werden.

Bei der **Produktionsmenge von 7 500 Stück** erhöht sich der zuvor bereits vorhandene Gewinn von 15.000,00 EUR auf 16.000,00 EUR.

An dieser Stelle kann festgehalten werden, dass ein positiver Stückdeckungsbeitrag in jedem Falle zur Deckung der ohnehin vorhandenen Fixkosten beiträgt und somit zu einer Verbesserung des Betriebsergebnisses führt.

- Ein negatives Betriebsergebnis (ein Verlust) wird gemindert.
- Ein positives Betriebsergebnis (ein Gewinn) wird zusätzlich erhöht.

Somit lassen sich **zwei wichtige Kriterien** ableiten, die bei der **Entscheidung über die Annahme eines Zusatzauftrags** erfüllt sein müssen: ▶ Zusatzauftrag

- Der erzielbare Verkaufspreis muss zu einem **positiven Stückdeckungsbeitrag** führen.
- Eine **ausreichende Restkapazität** muss vorhanden sein, sodass die vollständige Menge oder eine Teilmenge des Zusatzauftrags gefertigt werden kann.

Aus dieser Erkenntnis lässt sich nun die erste Regel zur Bestimmung einer **absoluten** (auch „**kurzfristig**" genannten) **Preisuntergrenze** bestimmen. Diese liegt exakt auf der Höhe der variablen Stückkosten! Im gezeigten Beispiel beträgt die absolute Preisuntergrenze 10,00 EUR. ▶ Preisuntergrenze, kurzfristige

1. In der Einführungstabelle (siehe S. 132) hat Frau Straub die Kosten für die Monate Januar, Februar und März ermittelt.

Entscheiden Sie, welche Kostenarten in der nachfolgenden Tabelle den variablen und welche den fixen Kosten zuzuordnen sind.

Kostenarten	fix	variabel
Materialeinzelkosten		
Gehälter		
Fertigungslöhne (Löhne werden im Akkord pro Stück bezahlt)		
Kalkulatorische Abschreibungen		
Sonstige Kosten (z. B. Mietaufwand, Zinsaufwand, Versicherungsbeiträge usw.)		

2. Ergänzen Sie die fehlenden Angaben in der Tabelle **M1** (siehe S. 137) zunächst nur für die Monate Januar, Februar und März.

3. Erläutern Sie die beiden Bedingungen, die grundsätzlich erfüllt sein müssen, um über die Annahme eines Zusatzauftrags mit reduziertem Verkaufspreis entscheiden zu können.

▶ _____

_____

▶ _____

_____

4. Frau Straub hat erwähnt, dass im April mit einem Absatz von 190 Stühlen gerechnet werden kann.

a) Ermitteln Sie unter Zuhilfenahme von **M1** (siehe S. 137) für den Monat April die fehlenden Werte, sowohl ohne als auch mit Berücksichtigung des Zusatzauftrags.

b) Erläutern Sie das Ergebnis.

_____

_____

_____

_____

_____

_____

5. Die Annahme eines Zusatzauftrags zu einem reduzierten Verkaufspreis kann unter Umständen nicht ratsam sein. Erläutern Sie – ungeachtet der bisherigen Ergebnisse – diese These.

▶ _____

_____

▶ _____

_____

▶ _____

_____

M1

Monat	Januar	Februar	März	April	
Menge des jeweiligen Monats	**160 Stück**	**170 Stück**	**180 Stück**	**190 Stück** (ohne Berücksichtigung des Zusatzauftrags)	**210 Stück** (mit Berücksichtigung des Zusatzauftrags)
Materialeinzelkosten, gesamt	19.600,00 EUR	20.825,00 EUR	22.050,00 EUR		
Fertigungslöhne, gesamt (Löhne werden im Akkord pro Stück gezahlt)	12.400,00 EUR	13.175,00 EUR	13.950,00 EUR		
Gehälter	11.000,00 EUR	11.000,00 EUR	11.000,00 EUR		
Kalkulatorische Abschreibungen	8.000,00 EUR	8.000,00 EUR	8.000,00 EUR		
Sonstige Kosten (z. B. Mietaufwand, Zinsaufwand, Büromaterial, Fremdinstandhaltung usw.)	26.000,00 EUR	26.000,00 EUR	26.000,00 EUR		
variable Kosten pro Stück					
variable Kosten gesamt					
fixe Kosten pro Stück					
fixe Kosten gesamt					
Gesamtkosten pro Stück					
Gesamtkosten absolut					
Beschäftigungsgrad*					
Umsatzerlös pro Stück					regulär: *500,00 EUR* Zusatzauftrag: *400,00 EUR*
Umsatzerlöse gesamt					
Stückdeckungsbeitrag (db)					regulär: _____ Zusatzauftrag: _____
Gesamtdeckungsbeitrag (DB)					
Betriebsergebnis					

* maximale Kapazität: 250 Stück

Lösung zur Aufgabe 2 | **Lösung zur Aufgabe 4a**

Vertiefende Aufgaben

1. Die Öko-Tex GmbH hat in den letzten drei Monaten ausschließlich Jeanshosen hergestellt. Das Unternehmen ist in der Lage, mit seinen Produktionsanlagen maximal 160 000 Jeanshosen pro Monat herzustellen. Folgende Daten wurden in der Kostenrechnung ermittelt:

Monat	Januar	Februar	März
Menge des jeweiligen Monats	**120 000 Stück**	**130 000 Stück**	**140 000 Stück**
Materialeinzelkosten, gesamt	1.200.000,00 EUR	1.300.000,00 EUR	1.400.000,00 EUR
Fertigungslöhne, gesamt (Löhne werden im Akkord pro Stück gezahlt)	1.320.000,00 EUR	1.430.000,00 EUR	1.540.000,00 EUR
Kalkulatorische Abschreibungen	1.100.000,00 EUR	1.100.000,00 EUR	1.100.000,00 EUR
Sonstige Kosten (z. B. Mietaufwand, Zinsaufwand, Versicherungsbeiträge, Gehälter usw.)	1.540.000,00 EUR	1.540.000,00 EUR	1.540.000,00 EUR

Die Öko-Tex GmbH hat in den drei genannten Monaten alle produzierten Hosen an unterschiedliche Großhändler zu einem Preis von 45,00 EUR verkauft.

Für den Monat April erwartet das Unternehmen einen Absatz an die Großhändler in Höhe von 130 000 Hosen. Ende März fragt die Eital KG, ein Großhändler aus München, an, ob im April die Lieferung von 10 000 Jeanshosen möglich ist. Der Großhändler ist allerdings nur bereit, 38,00 EUR pro Hose zu zahlen.

Hinweis: Nutzen Sie zur Bearbeitung der Arbeitsaufträge die nachfolgende Tabelle.

a) Ermitteln Sie zunächst die Kapazitätsauslastung für die Monate Januar bis März.

b) Treffen Sie eine begründete Entscheidung, ob die Öko-Tex GmbH den Zusatzauftrag der Eital KG annehmen soll.

c) Ermitteln Sie für die Monate Januar bis April die variablen Stückkosten, die variablen Gesamtkosten, die Fixkosten pro Stück, die fixen Gesamtkosten, den Deckungsbeitrag pro Stück, den Gesamtdeckungsbeitrag und das Betriebsergebnis. Gehen Sie für den Monat April davon aus, dass der Zusatzauftrag angenommen wird.

Monat	Januar	Februar	März	April
Menge des jeweiligen Monats	**120 000 Stück**	**130 000 Stück**	**140 000 Stück**	**140 000 Stück (mit Berücksichtigung des Zusatzauftrags)***
Beschäftigungsgrad				
variable Kosten pro Stück				
variable Kosten gesamt				
fixe Kosten pro Stück				
fixe Kosten gesamt				
Gesamtkosten pro Stück				
Gesamtkosten absolut				
Umsatzerlös pro Stück				regulär: Zusatzauftrag:
Umsatzerlöse gesamt				
Stückdeckungsbeitrag (db)				regulär: Zusatzauftrag:
Gesamtdeckungsbeitrag (DB)				
Betriebsergebnis				

* 130 000 Stück zum Normalpreis von 45,00 EUR; 10 000 Stück zum Sonderpreis von 38,00 EUR.

2. Die BüKo OHG möchte ihre Kostensituation analysieren. Dazu hat das Unternehmen die folgende Tabelle (Angaben in EUR) aufgestellt:

Menge	Fixe Gesamt-kosten (K_f)	Fixe Stück-kosten (k_f)	Variable Stück-kosten (k_v)	Variable Gesamt-kosten (K_v)	Gesamt-kosten pro Stück (k)	Gesamt-kosten absolut (K)	Umsatz-erlöse gesamt	Gesamt-deckungs-beitrag DB	Betriebs-ergebnis
0									
1	90.000,00								
100									
200			80,00						
300									
400									
500									
600									
700									
800									

Ermitteln Sie die fehlenden Werte in der Tabelle. Der Verkaufspreis je Artikel beträgt 200,00 EUR.

3. Die Lothar Lindemann KG hat im gerade abgelaufenen Monat 58 000 m unifarbenen Stoff hergestellt. Die dafür angefallenen fixen Kosten betrugen 230.000,00 EUR und die variablen Gesamtkosten 327.700,00 EUR. Das Unternehmen konnte in der Periode die gesamte Produktion für 10,00 EUR pro Meter absetzen. Die Maximalkapazität beläuft sich auf 65 000 m Stoff je Monat.

a) Ermitteln Sie die Kapazitätsauslastung des abgelaufenen Monats.

b) Berechnen Sie das Betriebsergebnis des Monats.

c) Ermitteln Sie die variablen Kosten pro Meter.

d) Für den Folgemonat rechnet die Lothar Lindemann KG mit der gleichen Absatz-menge. Ein Kunde möchte im Folgemonat 3 000 m Stoff abnehmen. Dafür verlangt er einen Mengenrabatt von 12 % auf den Verkaufspreis. Entscheiden Sie begrün-det, ob der Auftrag anzunehmen ist. Ermitteln Sie die entstehende Kapazitätsaus-lastung und das entstehende Betriebsergebnis.

e) Ermitteln Sie die Stückkosten ohne und mit Annahme des Zusatzauftrags und begründen Sie, warum die Stückkosten bei Annahme des Zusatzauftrags sinken.

4. Die BüKo OHG hat in den letzten beiden Monaten die Daten für den Seminarstuhl „Ergo Sim®" vorgelegt, die Sie der folgenden Tabelle entnehmen können:

Monat	Mai	Juni
Produktions- und Absatzmenge	620 Stück	650 Stück
Verkaufspreis pro Stück	210,00 EUR	210,00 EUR
Gesamtkosten	127.480,00 EUR	129.700,00 EUR
Kapazitätsauslastung		81,25 %

Hinweis: Nutzen Sie zur Bearbeitung der Arbeitsaufträge die nachfolgende Tabelle.

a) Ermitteln Sie die Maximalkapazität der beiden Monate und die Kapazitätsauslastung für den Monat Mai.

b) Berechnen Sie die Höhe der variablen Kosten pro Stück und die Höhe der fixen Gesamtkosten.

c) Berechnen Sie das Betriebsergebnis der Monate Mai und Juni.

d) Für den Monat Juli plant die BüKo OHG mit einer Absatzmenge von 640 Stück. Zusätzlich signalisiert ein Kunde eine Abnahme von 20 Seminarstühlen unter der Voraussetzung eines Preisnachlasses in Höhe von 30 % auf den Verkaufspreis. Geben Sie der Geschäftsleitung eine begründete Entscheidungshilfe über die Annahme des Zusatzauftrags. Berechnen Sie das Betriebsergebnis ohne und mit Annahme des Zusatzauftrags.

Monat	Mai	Juni	Juli	
Produktions- und Absatzmenge	620 Stück	650 Stück	640 Stück (ohne Berücksichtigung des Zusatzauftrags)	660 Stück (mit Berücksichtigung des Zusatzauftrags)
Verkaufspreis pro Stück	210,00 EUR	210,00 EUR		regulär: Zusatzauftrag:
Gesamtkosten	127.480,00 EUR	129.700,00 EUR		
Kapazitätsauslastung		81,25 %		
Maximalkapazität				
variable Kosten pro Stück				
Stückdeckungsbeitrag				regulär: Zusatzauftrag:
Gesamtdeckungsbeitrag				
fixe Gesamtkosten				
Betriebsergebnis				

5.3 Die Gewinnschwellenmenge und die Bestimmung von Preisuntergrenzen

▶ **Fallsituation: Ab welcher Menge lohnt sich die Produktion?**

Die BüKo OHG hat den Zusatzauftrag der EXCLUSIVE OFFICE GmbH angenommen. Noch bevor es zur Produktion und zur Auslieferung dieses Auftrags
kommt, treffen sich Herr Budtke, Herr Nolte und Frau Straub zu einem weiteren Gespräch. Carina Crämer ist ebenfalls anwesend.

Herr Budtke: Zähneknirschend haben wir also den Auftrag der EXCLUSIVE
OFFICE GmbH angenommen. Ich will hoffen, dass wir die rich-
tige Entscheidung getroffen haben.

Herr Nolte: Der Erfolg ist für uns messbar, der Gewinn erhöht sich. Ob es
tatsächlich klug war, den reduzierten Verkaufspreis zu akzeptieren, werden wir erst in einigen Wochen oder sogar Monaten
in Erfahrung bringen.

Herr Budtke: Ich weiß, dies ist zwar beunruhigend, aber dennoch nicht
mehr änderbar. Mich plagt allerdings schon wieder ein anderes Problem. Die Zahlen der Monate Januar, Februar und März
haben gezeigt, dass wir ein positives Betriebsergebnis erwirtschaften. Auch für den April, vorausgesetzt, dass alle erwar-
teten Aufträge ausgeführt werden, sieht es eigentlich gut für
uns aus. Mich würde aber interessieren, wie viele Stühle wir
eigentlich verkaufen müssen, um tatsächlich einen Gewinn zu
erzielen.

Herr Nolte: Es stellt sich die Frage nach der berühmten schwarzen Null?

Frau Straub: Sie möchten also gerne die Gewinnschwellenmenge bestimmen?

Herr Budtke: Genau das möchte ich! Frau Straub, können Sie dies bis morgen erledigen?

Frau Straub: Das kann ich!

Nach Beendigung des kurzen Gesprächs unterhalten sich Frau Straub und
Carina Crämer über die nächsten Schritte, die nun erforderlich sind.

Carina: Ich habe verstanden, welche Aufgabe Herr Budtke an uns her-
angetragen hat. Er möchte die Menge bestimmen, bei der wir
weder einen Gewinn noch einen Verlust erzielen, richtig?

Frau Straub: Ja, das ist korrekt. Diese Gewinnschwellenmenge lässt sich
auch als **Break-even-Point** bezeichnen.

Carina: Dieses Problem lässt sich doch sicherlich recht einfach lösen,
oder?

Frau Straub: Es gibt drei verschiedene Möglichkeiten, diese Gewinnschwellenmenge zu bestimmen. Die tabellarische Lösung, die zeichnerische Lösung und natürlich auch die rechnerische Lösung.

Carina: O.K., auf welches Zahlenmaterial wollen wir zurückgreifen?

Frau Straub: Zur Bestimmung der Gewinnschwellenmenge wollen wir den
Zusatzauftrag nicht berücksichtigen. Ich schlage vor, dass wir
die Daten aus den Monaten Januar, Februar und März verwenden und entsprechend ergänzen.

Carina: Dann fange ich also mal an …

Anwendungsaufgaben

Herr Budtke möchte wissen, welche Menge überhaupt abgesetzt werden muss, damit die BüKo OHG die Gewinnschwelle erreicht. Helfen Sie Carina bei der Bestimmung der Gewinnschwellenmenge.

Lesen Sie zunächst den Teil 1 der Info-Box (siehe S. 144 ff.) und bearbeiten Sie anschließend die nachfolgenden Aufgaben.

Zur Erinnerung: Es liegen folgende Daten vor:

▶ Verkaufspreis pro Stück: 500,00 EUR
▶ variable Kosten pro Stück: 200,00 EUR
▶ fixe Gesamtkosten: 45.000,00 EUR
▶ Maximalkapazität: 250 Stück

1. Bestimmen Sie die Gewinnschwellenmenge auf Grundlage der tabellarischen Ermittlung. Vervollständigen Sie hierzu in der folgenden Tabelle **M1** die fehlenden Daten. Kennzeichnen Sie anschließend die Stückzahl, bei der die Gewinnschwellenmenge erreicht wird.

Produktionsmenge	130 Stück	140 Stück	150 Stück	160 Stück	170 Stück
Beschäftigungsgrad*					
Umsatzerlöse gesamt					
− variable Gesamtkosten					
− fixe Gesamtkosten					
= Betriebsergebnis					
Gesamtkosten					
Stückdeckungsbeitrag					
Gesamtdeckungsbeitrag					

* maximale Kapazität: 250 Stück

2. Bestimmen Sie die Gewinnschwellenmenge auf Grundlage der zeichnerischen Ermittlung. Beziehen Sie sich auf die Mengenangaben aus der Tabelle der Anwendungsaufgabe 1. Nutzen Sie hierzu das Koordinatensystem **M2**. Zeichnen Sie die fixen und die variablen Gesamtkosten, die Gesamtkosten und die Umsatzerlöse ein. Kennzeichnen Sie die Gewinnschwellenmenge sowie die Gewinn- und die Verlustzone.

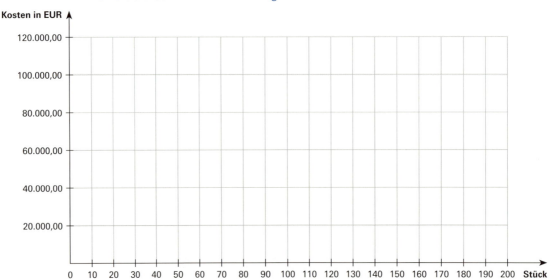

3. Bestimmen Sie die Gewinnschwellenmenge auf Grundlage der rechnerischen Ermittlung, indem Sie die Erlös- und die Gesamtkostenfunktion gleichsetzen. Verwenden Sie zusätzlich die verkürzte Berechnungsformel zur Bestimmung der Gewinnschwellenmenge.

4. Erstellen Sie zusätzlich zur Anwendungsaufgabe 2 weitere Zeichnungen.

a) Zeichnen Sie in das folgende Diagramm **M3** die Gesamtkosten pro Stück, die variablen Kosten pro Stück, die fixen Kosten pro Stück und die Umsatzerlöse pro Stück ein.

Ermitteln Sie hierzu zunächst tabellarisch die Werte.

Produktionsmenge	130 Stück	140 Stück	150 Stück	160 Stück	170 Stück
Gesamtkosten pro Stück					
Variable Kosten pro Stück					
Fixe Kosten pro Stück					

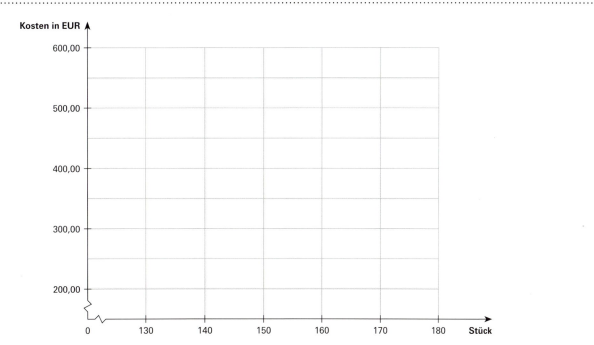

b) Zeichnen Sie in das folgende Diagramm 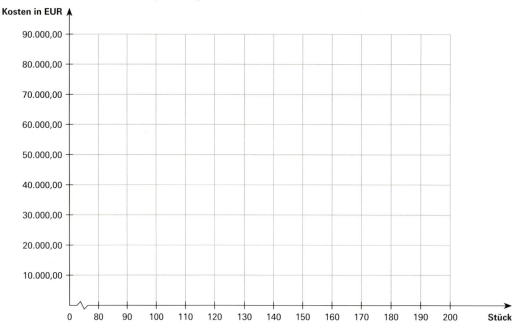 **M4** die fixen Gesamtkosten und den Gesamtdeckungsbeitrag ein.

5. Bestimmen Sie die Höhe des Gesamtdeckungsbeitrags, der erzielt werden muss, damit die Gewinnschwellenmenge erreicht wird.

Gesamtdeckungsbeitrag in EUR	

 INFO-BOX

▶ Break-even-Point

Teil 1: Die Bestimmung der Gewinnschwellenmenge (Break-even-Point)

Bei der Bestimmung der Gewinnschwellenmenge wird der Punkt (Break-even-Point) oder besser die Menge gesucht, bei der das Unternehmen weder einen Gewinn noch einen Verlust erwirtschaftet. An diesem Punkt sind die gesamten Umsatzerlöse genauso groß wie die gesamten Kosten.

Zur Bestimmung der Gewinnschwellenmenge existieren drei Varianten:

1. die tabellarische Ermittlung

2. die zeichnerische Ermittlung

3. die rechnerische Ermittlung

▶ Gewinn-schwellen-menge

Sämtliche drei Varianten werden im Folgenden erläutert und dargestellt. Als Grundlage soll noch einmal das Beispiel aus der Info-Box des letzten Kapitels (siehe S. 133ff.) herangezogen werden:

Ein Unternehmen fertigt das Erzeugnis A zu variablen Stückkosten in Höhe von 10,00 EUR. Der Verkaufspreis dieses Erzeugnisses liegt bei 15,00 EUR je Stück. Die fixen Gesamtkosten einer Periode belaufen sich auf 20.000,00 EUR. Die Maximalkapazität des Unternehmens liegt bei 10 000 Stück pro Monat.

1. Die tabellarische Ermittlung

Für die Produktionsmengen 3 000 und 7 000 Stück wurden im letzten Kapitel bereits die Zahlen ermittelt. Zusätzlich sind weitere Mengen aufgeführt, für die jeweils die entsprechenden Werte berechnet wurden.

Produktionsmenge	3 000 Stück	4 000 Stück	5 000 Stück	7 000 Stück	10 000 Stück
Beschäftigungsgrad	30 %	40 %	50 %	70 %	100 %
Umsatzerlöse gesamt	45.000,00 EUR	60.000,00 EUR	75.000,00 EUR	105.000,00 EUR	150.000,00 EUR
− variable Gesamtkosten	30.000,00 EUR	40.000,00 EUR	50.000,00 EUR	70.000,00 EUR	100.000,00 EUR
− fixe Gesamtkosten	20.000,00 EUR	20.000,00 EUR	20.000,00 EUR	20.000,00 EUR	20.000,00 EUR
= Betriebsergebnis	−5.000,00 EUR	0,00 EUR	+5.000,00 EUR	+15.000,00 EUR	+30.000,00 EUR
Gesamtkosten	50.000,00 EUR	60.000,00 EUR	70.000,00 EUR	90.000,00 EUR	120.000,00 EUR
Gesamtkosten pro Stück	16,67 EUR	15,00 EUR	14,00 EUR	12,86 EUR	12,00 EUR
Stückdeckungsbeitrag	5,00 EUR	5,00 EUR	5,00 EUR	5,00 EUR	5,00 EUR
Gesamtdeckungsbeitrag	15.000,00 EUR	20.000,00 EUR	25.000,00 EUR	35.000,00 EUR	50.000,00 EUR

Zu erkennen ist, dass die Gewinnschwelle bei einer Produktionsmenge von 4 000 Stück erreicht wird. Jede Menge unterhalb dieser 4 000 Stück führt zu einem Verlust. Jede Menge oberhalb dieser 4 000 Stück führt zu einem Gewinn.

2. Die zeichnerische Ermittlung

Auf Grundlage des Zahlenmaterials aus Schritt 1 lässt sich nebenstehende Zeichnung erstellen:

Im Schnittpunkt der Umsatzerlöse mit den Gesamtkosten entsteht die Gewinnschwellenmenge. Bei dieser Menge sind alle Kosten durch die Umsatzerlöse abgedeckt. Diese Menge liegt hier bei 4 000 Stück. Jede Menge von 0 bis 3 999 Stück führt in die Verlustzone. Jede Menge von 4 001 bis zur Kapazitätsgrenze von 10 000 Stück führt in die Gewinnzone.

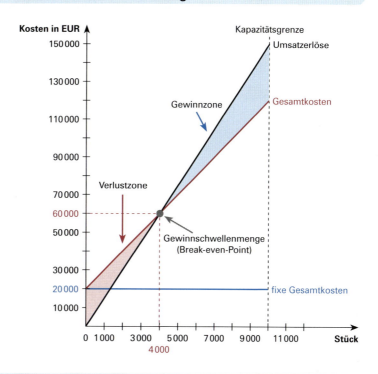

3. Die rechnerische Ermittlung

Wie bereits erläutert, sind bei Erreichen der Gewinnschwellenmenge alle Kosten durch die Umsatzerlöse gedeckt.

Mathematisch lässt sich dies darstellen, indem die Erlösfunktion mit der Gesamtkostenfunktion gleichgesetzt wird:

$$
\begin{aligned}
\text{Umsatzerlöse} &= \text{Gesamtkosten} \\
\text{Umsatzerlöse} &= \text{variable Gesamtkosten} + \text{fixe Gesamtkosten} \\
15x &= 10x + 20.000,00 \\
5x &= 20.000,00 \\
x &= 4\,000 \ (\text{Stück})
\end{aligned}
$$

19 Goette u.a. - ISBN 978-3-8120-1032-0

Zu erkennen ist in der vorletzten Zeile, dass „5x" dem Stückdeckungsbeitrag (db) entsprechen. Anschließend erfolgt eine Division der fixen Gesamtkosten in Höhe von 20.000,00 EUR durch den Stückdeckungsbeitrag in Höhe von 5,00 EUR. Dies ist übrigens kein Zufall, sondern der Regelfall, sodass sich verkürzt folgende Berechnungsformel zur Bestimmung der Gewinnschwellenmenge aufstellen lässt:

$$\text{Gewinnschwellenmenge (Break-even-Point)} = \frac{\text{fixe Gesamtkosten}}{\text{Stückdeckungsbeitrag (db)}} = \frac{20.000,00 \text{ EUR}}{5,00 \text{ EUR/Stück}} = 4\,000 \text{ Stück}$$

6. Herr Budtke möchte nun noch die **Preisuntergrenzen** bestimmen. Lesen Sie dazu den Teil 2 der Info-Box (siehe S. 147) und bearbeiten Sie anschließend die folgenden Aufgaben.

   a) Bestimmen Sie die kurzfristige Preisuntergrenze.

Kurzfristige Preisuntergrenze in EUR	

   b) Erläutern Sie, aus welchem Grund diese Preisuntergrenze nur kurzfristig angesetzt werden sollte.

   _____

   _____

   _____

   _____

   _____

   _____

   c) Ermitteln Sie das Betriebsergebnis, das entsteht, wenn die BüKo OHG den Seminarstuhl zu dieser Preisuntergrenze verkauft.

Betriebsergebnis in EUR	

   d) Erläutern Sie Ihre Ergebnisse.

   _____

   _____

7. a) Bestimmen Sie die langfristige Preisuntergrenze jeweils auf Grundlage der Produktionsmengen 130, 140, 150, 160 und 170 Stück.

Produktionsmenge	130 Stück	140 Stück	150 Stück	160 Stück	170 Stück
Gesamtkosten					
langfristige Preisuntergrenze					

   b) Erläutern Sie, aus welchem Grund sich die langfristige Preisuntergrenze bei den jeweiligen Produktionsmengen verändert.

   _____

   _____

   _____

c) Erläutern Sie Gründe, nach denen die Anwendung der langfristigen Preisuntergrenze ebenfalls Gefahren birgt.

▶ _____

   _____

▶ _____

   _____

▶ _____

   _____

▶ _____

   _____

▶ _____

   _____

 INFO-BOX

▶ Preisuntergrenzen

Teil 2: Die Bestimmung von Preisuntergrenzen

Kenntnisse über die Preisuntergrenzen sind für ein Unternehmen von elementarer Bedeutung. Dies ist insbesondere dann der Fall, wenn das Unternehmen sich auf Käufermärkten bewegt. In Preisverhandlungen mit Kunden, die oftmals im direkten Gespräch geführt werden, spielen vielfach geringe Beträge eine entscheidende Rolle. Große Unternehmen verhandeln aufgrund der hohen Mengen, die sie abnehmen, oft auf bis zu drei Nachkommastellen.

Unter Beachtung eines Zeitbezugs existieren **zwei grundsätzliche Preisuntergrenzen**:

* Bei der **kurzfristigen Preisuntergrenze** werden lediglich die **variablen Stückkosten durch den Verkaufspreis gedeckt**. Sie ist deshalb als kurzfristig anzusehen, da wenigstens die Kosten, die mit laufenden Ausgaben verbunden sind (z. B. Lohn- und Materialkosten), über den Verkaufspreis erstattet werden müssen.

▶ kurzfristige Preisuntergrenze

> **Kurzfristige Preisuntergrenze = variable Stückkosten**
>
> In unserem Beispielfall beträgt die kurzfristige Preisuntergrenze 5,00 EUR pro Stück.

* Bei der **langfristigen Preisuntergrenze** werden **alle Stückkosten** (also die variablen und die fixen Stückkosten) **durch den Verkaufspreis gedeckt**. Wenn Sie sich noch einmal die Tabellen vor Augen führen, mit denen wir bei verschiedenen Beschäftigungsgraden das Betriebsergebnis ermittelt haben (siehe S. 142), so werden Sie feststellen, dass die Stückkosten nicht immer gleich hoch ausgefallen sind. Auch sie haben sich mit steigenden Produktionsmengen verringert. Diese Tatsache beruht auf dem Anteil der fixen Kosten an den gesamten Stückkosten **(Fixkostendegression)**. Eine langfristige Preisuntergrenze ist also nur dann bestimmbar, wenn eine konkrete Mengenangabe vorhanden ist, nach der die gesamten Stückkosten ermittelt werden können.

▶ langfristige Preisuntergrenze

> **Langfristige Preisuntergrenze = gesamte Stückkosten**
>
> In unserem Beispielfall beträgt die langfristige Preisuntergrenze
> * bei 3 000 Stück = 16,67 EUR
> * bei 4 000 Stück = 15,00 EUR
> * bei 5 000 Stück = 14,00 EUR
> * bei 7 000 Stück = 12,86 EUR
> * bei 10 000 Stück = 12,00 EUR

Aber auch hier besteht eine Gefahr: Kann das Unternehmen langfristig gesehen keine Gewinne erwirtschaften, ist der Fortbestand ebenfalls gefährdet. Zur Aufrechterhaltung der Wettbewerbsfähigkeit und zur Sicherstellung notwendiger Investitionen sind ausreichend hohe Gewinne unerlässlich.

Vertiefende Aufgaben

1. Die Öko-Tex GmbH kann bei einer Auslastung von 100 % eine Produktionsmenge von 170 000 Jeanshosen gewährleisten. Dabei fallen 2.940.000,00 EUR fixe Kosten und 3.655.000,00 EUR variable Kosten an. Der Verkaufspreis je Hose beträgt 46,00 EUR.

   a) Ermitteln Sie das Betriebsergebnis bei einem Beschäftigungsgrad von 80 %.

   b) Bestimmen Sie die Gewinnschwellenmenge und den dazugehörigen Beschäftigungsgrad auf Grundlage der tabellarischen Ermittlung.

Produktionsmenge	100 000 Stück	120 000 Stück	140 000 Stück	160 000 Stück
Beschäftigungsgrad				
Umsatzerlöse gesamt				
− variable Gesamtkosten				
− fixe Gesamtkosten				
= Betriebsergebnis				

   c) Bestimmen Sie die Gewinnschwellenmenge auf Grundlage der rechnerischen Ermittlung, indem Sie die Erlös- und die Gesamtkostenfunktion gleichsetzen. Verwenden Sie zusätzlich die verkürzte Berechnungsformel zur Bestimmung der Gewinnschwellenmenge.

   d) Bestimmen Sie die kurzfristige Preisuntergrenze.

   e) Bestimmen Sie die langfristigen Preisuntergrenzen bei geplanten Absatzmengen von 100 000 und 140 000 Stück.

2. Die Lothar Lindemann KG ermittelt für einen neu auf den Markt kommenden Jeansstoff aus ökologischem Anbau variable Kosten in Höhe von 4,00 EUR je Meter. Die fixen Kosten pro Monat belaufen sich 1.200.000,00 EUR. Der Verkaufspreis je Meter Stoff wird auf 10,00 EUR festgesetzt. Die Maximalkapazität beträgt 400 000 m.

   a) Ermitteln Sie das Betriebsergebnis und die Stückkosten je Meter Jeansstoff bei einer Produktionsmenge von 350 000 m.

   b) Bestimmen Sie die Gewinnschwellenmenge und ermitteln Sie den Umsatz sowie den Beschäftigungsgrad an der Gewinnschwellenmenge.

   c) Bestimmen Sie die kurzfristige Preisuntergrenze.

   d) Bestimmen Sie die langfristige Preisuntergrenze bei einem Beschäftigungsgrad von 80 %.

3. Die BüKo OHG stellt ergonomische Seminarstühle in drei Ausführungen her. Die wesentlichen Daten entnehmen Sie der folgenden Tabelle:

	„Ergo Sim®"	„Ergo Exklusiv®"	„Ergo Luxus®"
Produktions- und Absatzmenge	500 Stück	410 Stück	280 Stück
Verkaufspreis pro Stück	150,00 EUR	180,00 EUR	210,00 EUR
Variable Kosten pro Stück	80,00 EUR	95,00 EUR	110,00 EUR

Die fixen Gesamtkosten betragen 82.000,00 EUR.

   a) Ermitteln Sie das Betriebsergebnis der BüKo OHG auf Grundlage der o. g. Daten.

	„Ergo Sim®"	„Ergo Exklusiv®"	„Ergo Luxus®"	Gesamt
Umsatzerlöse gesamt				
− variable Kosten gesamt				
= Gesamtdeckungsbeitrag				
− fixe Gesamtkosten				
= Betriebsergebnis				

Beachten Sie: Die fixen Gesamtkosten können nicht auf die einzelnen Erzeugnisse aufgeteilt werden.

b) Auf dem Markt für Seminarstühle ist ein neuer Wettbewerber aufgetreten, der einen Seminarstuhl vorgestellt hat, der dem Modell „Ergo Sim®" sehr ähnlich ist. Der neue Wettbewerber bietet den Stuhl für 120,00 EUR pro Stück an. Stellen Sie die Veränderung des Betriebsergebnisses dar, wenn die BüKo OHG beabsichtigt, den Seminarstuhl „Ergo Sim®" ebenfalls für 120,00 EUR pro Stück anzubieten. Mengenveränderungen treten hierdurch nicht auf.

c) Die BüKo OHG stellt Überlegungen an, den neuen Wettbewerber vom Markt verdrängen zu wollen. Hierzu bestehen zwei Strategien:

ca) **Strategie 1** sieht vor, das Modell „Ergo Sim®" zur kurzfristigen Preisuntergrenze anzubieten.

cb) **Strategie 2** sieht vor, den Gewinn, den Sie in Aufgabenteil a) für alle Erzeugnisse ermittelt haben, zu opfern, um somit langfristig das Modell „Ergo Sim®" zu einem günstigeren Preis anbieten zu können.

Bestimmen Sie für **beide Strategien** den neuen Verkaufspreis und stellen Sie die jeweilige Veränderung des Betriebsergebnisses dar. Mengenveränderungen treten hierdurch nicht auf.

4. Die Öko-Tex GmbH hat im vergangenen Monat für ein Jeansjackenmodell folgende Zahlen ermittelt:

- produzierte und verkaufte Menge: 45 000 Stück
- Umsatzerlöse gesamt: 2.925.000,00 EUR
- fixe Gesamtkosten: 1.400.000,00 EUR
- variable Gesamtkosten: 1.350.000,00 EUR

a) Bestimmen Sie den Beschäftigungsgrad, mit dem die Öko-Tex GmbH im vergangenen Monat arbeitete, wenn die Maximalkapazität 60 000 Stück beträgt. Berechnen Sie das entstehende Betriebsergebnis.

b) Ermitteln Sie, um wie viel Stück die Produktionsmenge im Abrechnungszeitraum über/unter der Gewinnschwellenmenge lag.

c) Die Unternehmensleitung macht den Vorschlag, eine bessere Kapazitätsauslastung zu erreichen, wenn eine Preissenkung auf 59,00 EUR pro Stück umgesetzt wird. Es wird davon ausgegangen, somit 55 000 Stück verkaufen zu können. Bestimmen Sie die Veränderung der Gewinnschwellenmenge und berechnen Sie die Kapazitätsauslastung, die somit entstehen kann.

d) Bestimmen Sie die kurzfristige und die langfristige Preisuntergrenze, wenn das Unternehmen eine Auslastung der Kapazität in Höhe von 80 % anstrebt.

e) Es gelten die Daten der Ausgangssituation: Für den nächsten Monat plant die Öko-Tex GmbH erneut mit einer Produktionsmenge von 45 000 Stück. Ein Kunde signalisiert einen Zusatzauftrag über 8 000 Stück, wenn ihm die Öko-Tex GmbH einen Verkaufspreis von 50,00 EUR je Jeansjacke gewährt. Überprüfen Sie, ob der Zusatzauftrag angenommen werden sollte und stellen Sie die Veränderung des Betriebsergebnisses dar.

5. Die Öko-Tex GmbH stellt die Jeanshose „Gerrit", die Jeansjacke „Benny" und das Jeanshemd „Dina" her. Die Daten entnehmen Sie der folgenden Tabelle:

	Gerrit	Benny	Dina
Verkaufspreis pro Stück	46,00 EUR	71,00 EUR	23,50 EUR
variable Kosten pro Stück	24,00 EUR	36,50 EUR	16,00 EUR
Produktions- und Absatzmenge	130 000 Stück	42 000 Stück	10 000 Stück
fixe Kosten	4.150.000,00 EUR		

a) Ermitteln Sie das Betriebsergebnis auf Grundlage der o. g. Daten.

	Gerrit	Benny	Dina	Gesamt
Umsatzerlöse gesamt				
− variable Kosten gesamt				
= Gesamtdeckungsbeitrag				
− fixe Gesamtkosten				
= Betriebsergebnis				

Beachten Sie: Die fixen Gesamtkosten können nicht auf die einzelnen Erzeugnisse aufgeteilt werden.

b) Mithilfe einer Werbeaktion ließe sich die Absatzmenge für die Jeanshose „Gerrit" um 2 %, für die Jeansjacke „Benny" um 7 % und für das Jeanshemd „Dina" um 10 % steigern. Die Kapazität reicht für die gesamte mögliche Absatzsteigerung aus. Allerdings verursacht die Werbeaktion zusätzliche fixe Kosten in Höhe von 150.000,00 EUR. Überprüfen Sie, ob sich diese Werbeaktion lohnt.

	Gerrit	Benny	Dina	Gesamt
neue Absatzmenge				
Umsatzerlöse gesamt				
− variable Kosten gesamt				
= Gesamtdeckungsbeitrag				
− fixe Gesamtkosten				
= Betriebsergebnis				

c) Die Werbeaktion ist zwar erfolgreich, aber der Konkurrenzkampf bei den Jeansjacken ist enorm hoch. Kurzfristig möchte die Öko-Tex GmbH komplett auf einen Gewinn verzichten, um hierdurch eine Preissenkung bei der Jeansjacke „Benny" durchführen zu können. Ermitteln Sie den neuen Verkaufspreis der Jeansjacke „Benny".

d) Diese Teilaufgabe basiert auf der Teilaufgabe b). Die Öko-Tex GmbH erhält die folgenden vier Anfragen:

Kunde	Menge	Produkt	Verkaufspreis
Großhändler „Neue Mode" KG	90 Stück	Jeanshose „Gerrit"	47,00 EUR
Großhändler Schrick GmbH	50 Stück	Jeansjacke „Benny"	69,00 EUR
Textilhaus Kaiser e.K.	60 Stück	Jeanshemd „Dina"	27,00 EUR
Textilhaus Schnepper e.K.	70 Stück	Jeansjacke „Benny"	68,00 EUR

Aus Gründen der verfügbaren Restkapazität kann nur einer der Zusatzaufträge angenommen werden. Entscheiden Sie, welcher Kunde eine Zusage erhält. Stellen Sie dar, in welchem Umfang sich das Betriebsergebnis verändert.

Kunde	möglicher db	möglicher DB
Großhändler „Neue Mode" KG		
Großhändler Schrick GmbH		
Textilhaus Kaiser e.K.		
Textilhaus Schnepper e.K.		

e) Für die nächste Abrechnungsperiode überlegen die Verantwortlichen der Öko-Tex GmbH, ob sie auch einen neuen Jeansrock anbieten sollen. Der Stoffverbrauch würde 0,90 m zu 10,00 EUR je Meter betragen. Weiteres Zubehör wäre mit 1,00 EUR je Rock zu kalkulieren. Die Zeiterfassung hat eine Gesamtzeit von 30 Minuten ermittelt. Die Arbeitszeit wird mit 40,00 EUR je Stunde kalkuliert und im Akkord abgerechnet. Die fixen Gesamtkosten würden durch dieses neue Produkt nicht berührt. Es wird überlegt, den Jeansrock mit einem Einführungspreis von 35,00 EUR anzubieten. Unter dieser Preisvoraussetzung sollte eine Absatzmenge von 5 000 Röcken möglich sein. Überprüfen und begründen Sie, ob der neue Jeansrock von der Öko-Tex GmbH aufgenommen werden sollte.

5.4 Entscheidung über die Annahme eines Zusatzauftrags unter Berücksichtigung relativer Deckungsbeiträge

▶ **Fallsituation: Welcher Auftrag soll zuerst bearbeitet werden?**

Frau Straub: Die Kalkulation auf Teilkostenbasis hat uns bei der Beurteilung des Zusatzauftrags der EXKLUSIV OFFICE GmbH geholfen. Neben dem Ergo Klapp® fertigen wir aber noch weitere Produkte auf den benötigten Produktionsanlagen.

Carina: Aber Frau Straub, es ist doch klar, dass wir, um den neuen Kunden zu halten, den Auftrag der EXKLUSIV OFFICE GmbH zuerst fertigen.

Frau Straub: Carina, unter dem Vertriebsaspekt haben Sie Recht. Aber um kurzfristig unterschiedliche Kundenwünsche zu berücksichtigen, müssen wir eine Reihenfolge festlegen für die Produkte Ergo Klapp®, Ergo Sim® und Ergo Fit®. Diese werden auf der Fertigungslinie „Tematic FFS 2100" gefertigt. Aufgrund der räumlichen Voraussetzungen sowie einer sehr knappen Personaldecke stellt die Kapazität des Flexiblen Fertigungssystems „Tematic FFS 2100" in der Abteilung Endmontage einen Engpass dar.

Herr Budkte hat eine Reihe von Arbeitsstudien durchgeführt und festgestellt, dass die einzelnen Produkte unterschiedlich lange bei der Bearbeitung an der „Tematic FFS 2100" benötigen.

Ergo Klapp®:   140 Minuten
Ergo Sim®:   78 Minuten
Ergo Fit®:   145 Minuten

Die Zahlen der Buchhaltung zeigen die jeweiligen (durchschnittlichen) Verkaufspreise und die variablen Stückkosten.

Kosten- und Leistungsdaten Seminarstühle			
Produkt/Seminarstuhl	Ergo Klapp®	Ergo Sim®	Ergo Fit®
Verkaufspreis je Stuhl	400,00 EUR	204,00 EUR	345,00 EUR
Variable Stückkosten	200,00 EUR	132,00 EUR	125,00 EUR

Anwendungsaufgaben

1. Versetzen Sie sich in die Lage von Carina Crämer und unterbreiten Sie zwei begründete Vorschläge, in welcher Reihenfolge die Erzeugnisse zu fertigen sind.

   ▶ _____

   _____

   ▶ _____

   _____

2. Herr Budtke empfiehlt, das Produkt mit dem höchsten relativen Deckungsbeitrag zuerst zu fertigen. Der relative Deckungsbeitrag berücksichtigt, wie groß der absolute Deckungsbeitrag hinsichtlich der erforderlichen Fertigungs-/Bearbeitungszeit ist (zur Berechnung siehe Info-Box auf S. 153).

   a) Übertragen Sie die Fertigungszeiten im Engpass in der Abteilung Endmontage in die Tabelle **M1** und

   b) berechnen Sie

      ba) den Deckungsbeitrag je Stuhl (2 Dezimalstellen),

      bb) die Anzahl der gefertigten Stühle je Stunde (2 Dezimalstellen) sowie

      bc) den relativen Deckungsbeitrag je Stunde (2 Dezimalstellen).

M1

Kosten- und Leistungsdaten Seminarstühle			
Produkt/Seminarstuhl	**Ergo Klapp®**	**Ergo Sim®**	**Ergo Fit®**
Fertigungszeit im Engpass			
Deckungsbeitrag je Stuhl			
Zahl der gefertigten Stühle je Stunde			
Deckungsbeitrag je Stunde			

3. a) Entscheiden Sie, in welcher Reihenfolge die Produkte zu fertigen sind, wenn als vordringliche Aufgabe die Maximierung des Deckungsbeitrages angesehen wird.

	Ergo Klapp®	**Ergo Sim®**	**Ergo Fit®**
Rangfolge			

   b) Erläutern Sie die betriebswirtschaftliche Bedeutung des relativen Deckungsbeitrags.

   _____

   _____

   _____

   _____

   _____

   _____

   _____

   _____

 **INFO-BOX**

Teilkostenrechnung: Engpassplanung mit dem relativen Deckungsbeitrag

Deckungsbeitragsrechnung
= Teilkostenrechnung, die als Entscheidungsinstrument insbesondere zur Lösung kurzfristiger Probleme eingesetzt wird

Absoluter Deckungsbeitrag

Berechnung:

Verkaufspreis	p
− variable Stückkosten	k_v
= Stückdeckungsbeitrag	db

Einsatzmöglichkeiten:

+ Entscheidungshilfe bei Zusatzauftrag
+ kurzfristige Preisuntergrenze
+ Entscheidungshilfe bei Sortimentsbereinigung

Relativer Deckungsbeitrag

Berechnung:

$$db/\text{Minute} = \frac{\text{Stückdeckungsbeitrag}}{\text{Bearbeitungszeit in Minuten}}$$

Einsatzmöglichkeiten:

+ Entscheidungshilfe in Engpasssituationen

Vertiefende Aufgaben

1. Das Chemieunternehmen COLOR CHEMIE AG fertigt vier verschiedene Produkte in seinem Werk in Köln:

   • TexSoft® (ein innovativer Weichmacher)
   • TexClean® (ein Reinigungsmittel für Textilfasern)
   • TexClean plus® (ein Reinigungsmittel für extrem verschmutzte Textilfasern)
   • TexClean soft® (ein besonders schonendes Reinigungsmittel für Textilfasern)

   Alle Produkte müssen die gleiche Fertigungsabteilung durchlaufen.

   Aufgrund räumlicher Voraussetzungen sowie einigen längeren Ausfällen durch Elternzeit stellt die Kapazität dieser Fertigungsabteilung einen Engpass dar.

   Die folgenden Daten über die Erzeugnisse liegen dem Werksleiter Dr. Fuhr vor (siehe folgende Tabelle).

   a) Erstellen Sie eine Tabelle und berechnen Sie für jedes Produkt

      aa) die Zahl der hergestellten Tonnen je Stunde,

      ab) den absoluten Deckungsbeitrag in EUR,

      ac) den relativen Deckungsbeitrag je Stunde in EUR.

   b) Entscheiden Sie, in welcher Reihenfolge die Produkte zu fertigen sind, wenn als vordringliche Aufgabe die Maximierung des Deckungsbeitrages angesehen wird.

   c) Führen Sie drei Maßnahmen zur Beseitigung von Engpasssituationen an.

Kosten- und Leistungsdaten im Werk Köln der COLOR CHEMIE AG				
Erzeugnis	**TexSoft®**	**TexClean®**	**TexClean plus®**	**TexClean soft®**
Stückerlös	100,00 EUR	200,00 EUR	300,00 EUR	150,00 EUR
variable Stückkosten	60,00 EUR	110,00 EUR	160,00 EUR	90,00 EUR
Fertigungszeit je Tonne	30 Minuten	40 Minuten	20 Minuten	10 Minuten
Tonnen je Stunde				
absoluter Deckungs-beitrag in EUR				
relativer Deckungs-beitrag in EUR je Stunde				
Produktionsreihenfolge				

20 Goette u.a. - ISBN 978-3-8120-1032-0

2. Die Öko-Tex GmbH hat sich auf die Herstellung von hautverträglicher Jeans-Oberbekleidung spezialisiert, wobei über die einzelnen Modelle folgende Daten vorliegenden.

Mit 4 800 Stunden ist die Kapazität in der Abteilung Färberei ausgelastet; die Fixkosten betragen insgesamt 5.100.000,00 EUR.

a) Erläutern Sie den Begriff Fertigungskapazität.

b) Nennen Sie drei Einflussgrößen, durch die die Fertigungskapazität bestimmt wird.

c) Ermitteln Sie

    ca) den jeweiligen absoluten Deckungsbeitrag,

    cb) den jeweiligen relativen Deckungsbeitrag (je Minute),

    cc) die Rangfolge der Modelle,

    cd) die Mengen der Modelle, die zum gewinnmaximalen Produktionsprogramm führen,

    ce) den maximalen Gewinn.

Kosten- und Leistungsdaten der Öko-Tex GmbH in Ibbenbüren							
Modell	**Preis (EUR)**	**Nachfrage (Stück)**	**Zeit/Stück des Engpassfaktors (Minuten)**	**variable Kosten je Stück (EUR)**	**absoluter Deckungsbeitrag je Stück (EUR)**	**relativer Deckungsbeitrag je Stück**	**Rangfolge**
Hemd Diana®	35,00	15 000	1,4	11,00			
Rock Kira®	39,00	7 000	1,6	17,00			
Hose Gerrit®	49,00	140 000	1,2	24,00			
Jacke Benny®	65,00	45 000	2,2	30,00			

3. Durch längere Arbeitskämpfe ist es im Werk Chicago der DowChem Coorp zu einer Engpasssituation gekommen. Es muss entschieden werden, welche Produkte hergestellt und welche nicht hergestellt werden sollen.

In diesem Monat stehen als Kapazität nur 500 Stunden zur Verfügung.

a) Berechnen Sie die absoluten und die relativen Deckungsbeiträge.

b) Kommentieren Sie eventuell auftretende Veränderungen.

c) Ermitteln Sie unter Beachtung der Kapazitätsgrenze des Engpasses das optimale Produktionsprogramm.

Relativer Deckungsbeitrag im Werk Chicago der DowChem Coorp			
Produkte	**Farbstoff DoC 11®**	**Farbstoff DoC 22®**	**Farbstoff DoC 33®**
Nachfragemenge (in Tonnen)	400 Tonnen	500 Tonnen	1 000 Tonnen
Verkaufspreis (in US-$) je Tonne	400 US-$	200 US-$	300 US-$
variable Kosten pro Tonne	200 US-$	140 US-$	200 US-$
Deckungsbeitrag pro Tonne			
Inanspruchnahme des Engpasses durch die Produkteinheit	60 Minuten/Tonne	20 Minuten/Tonne	15 Minuten/Tonne
relativer Deckungsbeitrag je Stunde			
Rangfolge			
ausgenutzte Kapazität des Engpasses (in Stunden)			
hergestellte Menge (in Tonnen)			
gesamter Deckungsbeitrag			

Kompetenzcheck

▶ **Kann-Liste: Teilkostenrechnung**

☐ Fixe und variable Kosten
☐ Deckungsbeitrag: db und DB
☐ Annahme eines Zusatzauftrags (inkl. relativer Deckungsbeiträge)
☐ Gewinnschwellenermittlung
☐ Preisuntergrenzen
☐ relativer Deckungsbeitrag

Ich kann …	Information	Aufgaben	Eigene Kompetenzeinschätzung
die Anwendungsmöglichkeiten der Deckungsbeitragsrechnung erläutern.	Kapitel 5.1	S. 128, Nr. 3	
die kostenorientierte Verkaufspreisermittlung von der kundenorientierten/konkurrenzorientierten Verkaufspreisermittlung abgrenzen.	Kapitel 5.1	S. 128, Nr. 3	
fixe und variable Kosten unterscheiden und jeweils Beispiele nennen.	Kapitel 5.1 Kapitel 5.2	S. 130 f., Nr. 4 S. 136, Nr. 1	
die Bedeutung des Deckungsbeitrags erläutern und diesen ermitteln.	Kapitel 5.2	S. 136, Nr. 2 S. 138, Nr. 1 S. 139, Nr. 2, 3 S. 140, Nr. 4	
die Kriterien, die bei der Entscheidung über die Annahme eines Zusatzauftrags geprüft werden müssen, nennen, erläutern und anwenden.	Kapitel 5.2	S. 136, Nr. 3 S. 138, Nr. 1 S. 139, Nr. 3 S. 140, Nr. 4	
die Gewinnschwellenmenge (Break-even-Point) mithilfe der tabellarischen, zeichnerischen und rechnerischen Ermittlung bestimmen.	Kapitel 5.3	S. 142 ff., Nr. 1–5 S. 148, Nr. 1 S. 148, Nr. 2	
die kurzfristige und langfristige Preisuntergrenze erläutern und rechnerisch bestimmen.	Kapitel 5.3	S. 146, Nr. 6 S. 146, Nr. 7 S. 148 ff., Nr. 1–5	
über die Annahme eines Zusatzauftrags unter Berücksichtigung relativer Deckungsbeiträge entscheiden	Kapitel 5.4	S. 152, Nr. 2, 3 S. 153 f., Nr. 1–3	

Wissen

Fertigkeiten

Sozialkompetenz

Selbstständigkeit

Stichwortverzeichnis